服务行业法律法规与职业道德

（供现代家政服务与管理专业用）

主　编　黄艳连　张　倩

副主编　朱　娟　黄立健

编　者　（以姓氏笔划为序）

朱　娟（广东江门中医药职业学院）

江林芸（广东江门中医药职业学院）

李运兴（广东江门中医药职业学院）

张　倩（辽宁医药职业学院）

郭海秀（广东江门中医药职业学院）

陶　陶（广东江门中医药职业学院）

黄立健（广东江门幼儿师范高等专科学校）

黄艳连（广东江门中医药职业学院）

中国健康传媒集团
中国医药科技出版社

内 容 提 要

  本教材是"卫生健康职业教育校企合作创新教材"之一,系根据本课程教学大纲和本教材编写原则与要求编写而成。全书共10章内容:服务行业法律法规概述、服务行业的法律关系、服务行业的法律保障、服务行业相关法律常识、服务行业中财产保护的法律、服务行业中人身保护的法律、服务行业法律案例、职业道德概述、服务行业职业道德规范、服务行业从业人员职业道德的培养。

  本教材可供全国高等职业院校现代家政服务与管理专业师生教学使用,也可作为相关从业人员的参考用书。

图书在版编目(CIP)数据

  服务行业法律法规与职业道德/黄艳连,张倩主编.—北京:中国医药科技出版社,2023.8
  卫生健康职业教育校企合作创新教材
  ISBN 978-7-5214-4067-6

  Ⅰ.①服… Ⅱ.①黄… ②张… Ⅲ.①服务业–法律–中国–职业教育–教材 ②服务业–职业道德–职业教育–教材 Ⅳ.①D922.294 ②F719

  中国国家版本馆CIP数据核字(2023)第144609号

美术编辑 陈君杞

版式设计 南博文化

出版 **中国健康传媒集团**|中国医药科技出版社

地址 北京市海淀区文慧园北路甲22号

邮编 100082

电话 发行:010-62227427 邮购:010-62236938

网址 www.cmstp.com

规格 787×1092mm $^1/_{16}$

印张 11

字数 220千字

版次 2023年8月第1版

印次 2023年8月第1次印刷

印刷 北京市密东印刷有限公司

经销 全国各地新华书店

书号 ISBN 978-7-5214-4067-6

定价 **49.00元**

获取新书信息、投稿、为图书纠错,请扫码联系我们。

前言

为了培养高素质的家政等服务人才，促进家政等服务业专业化、规范化发展，深化服务行业提质扩容；满足服务消费需求，维护服务消费者、服务行业从业人员和服务机构的合法权益，规范服务经营行为，促进家政等服务业发展，我们组织编写了这本《服务行业法律法规与职业道德》教材。

本教材系"卫生健康职业教育校企合作创新教材"之一，独具专业特色，是为解决高等职业教育家政等服务行业职业需求而编写。集学、练、考于一体，在满足教学内容够用、好用的同时，又极大地照顾了学生的学习感受，增强了学生的学习能动性。

学习服务行业法律法规与职业道德，对于服务行业从业人员个人发展和社会经济发展都具有重要意义。本教材既系统阐述了服务行业从业人工作所涉及的各种法律法规和职业道德，又考虑到服务行业从业人员的工作实践需求，选择与其工作最为密切的法律法规，在保证课程内容完整性、系统性的同时，又可适用于不同模式的自主学习。同时，本教材挑选了大量具有代表性的案例，以帮助学生理解相关知识内容。

本教材可供高等职业院校现代家政服务与管理专业师生作为教材使用，也可作为相关从业人员的参考用书。

本教材在出版的过程中得到了所有编者及其所在单位领导的大力支持，在此一并表示感谢。

由于法律修订更新快等原因，书中难免存在疏漏之处，恳请读者批评指正，以便修订时完善。

编 者

2023年6月

目录

第一章　服务行业法律法规概述

🖐 学习目标

1.掌握服务行业法律法规的概念；刑法的概念和民法典的基本原则。

2.熟悉宪法中规定公民享有的基本权利和义务，明确权利和义务的关系。

3.了解刑法的基本原则和刑法的相关内容，构建法律意识，学会在生活中运用法律知识维护自己的合法权益。

第一节　服务行业法律法规的范畴

所谓服务行业，是指利用设备、工具、场所、信息或技能为社会提供服务的行业。

服务行业法律法规，顾名思义，是关于调整与规范服务行业现存的法律关系、法律内容，促进服务行业发展的法律、法规等规范性文件的总和。在中国现行法律制度体系内，严格地说，凡是由国家立法机关或地方立法机关依照法定程序制定的法律、行政法规、政府规章、地方性法规，并经由其对服务行业的法律主体、法律客体及其权利义务内容进行规范调整的，均应纳入服务行业法律法规的范畴。但是，如果当国家和地方的立法创制活动尚未充分开展时，有关服务行业的政策性调整、标准性规范等亦可纳入广义的服务行业法律法规范围。

➡ **岗位情境模拟**

情景描述：王某经过某家政公司的介绍，到客户家从事养老护理服务，李某的母亲张某生病卧床，需要照顾。在工作中，王某发现张某把金手镯放在桌子上，因张某身患疾病，无暇顾及其他，王某想偷偷将金手镯占为己有，但是想到家政公司关于家政服务人员职业道德与法律法规的培训内容，担心自己偷手镯会构成盗窃罪，于是放弃了这个念头。

请问：通过这个案例，你认为法律在生活中起到了什么作用？

参考答案：法律具有指引作用，它是指法律所具有的能够为人们提供一种既定的行为模式，从而引导人们在法律范围内活动的作用。指引作用是法律最首要的作用。法律的首要目的并不在于制裁违法行为，而是引导人们正确的行为，合法地参与社会生活。

第二节　宪法基本知识

宪法，是国家的根本法，是治国安邦的总章程。在国家内具有最高的法律地位、法律权威和法律效力。宪法确立了国家法制的基本原则，明确规定中华人民共和国实行依法治国的方针。

我国现行宪法包括序言、第一章"总纲"、第二章"公民的基本权利和义务"、第三章"国家机构"、第四章"国旗、国歌、国徽、首都"，共143条。

每个公民都要学习和了解国家的宪法，从宪法的性质、原则到宪法的内容与实施保障等都是必须掌握、理解的宪法常识。对于从事服务行业工作与管理的人来说，应重点学习以下内容。

一、宪法的原则

主要包括以下原则：党的领导原则；人民主权原则；尊重和保障人权原则；社会主义法治原则；民主集中制原则；权力制约与监督原则。

二、国体与政体

（一）国体

国体即国家性质，指的是国家的阶级本质，即在一个国家里各个阶级在国家政治生活中的地位。在我国，国家性质是指工人阶级领导的、以工农联盟为基础的人民民主专政的社会主义国家。

（二）政体

政体即国家的政权组织形式，又称国家的根本政治制度，我国的政体是人民代表大会制度，是全国各族人民当家做主的根本途径和最高实现形式，是中国社会主义民主政治最鲜明的特点。

三、基本经济制度和政党制度

我国是公有制为主体，多种所有制经济共同发展的基本经济制度；我国的政党制度是中国共产党领导的多党合作和政治协商制度。

四、公民的基本权利和义务

（一）公民的基本权利

公民的基本权利也称宪法权利，是指由宪法规定的公民享有的基本的、必不可少的权利。

1.法律平等权　宪法规定了"中华人民共和国公民在法律面前一律平等"。

2.政治权利和自由　政治权利是指选举权和被选举权，宪法规定："中华人民共和国年满十八周岁的公民，不分民族、种族、性别、职业、家庭出身、宗教信仰、教育程度、财产状况、居住期限，都有选举权和被选举权；但是依照法律被剥夺政治权利的人除外。"政治自由是指宪法规定的"中华人民共和国公民有言论、出版、集会、结社、游行、示威的自由"。

3.宗教信仰自由　宪法规定："中华人民共和国公民有宗教信仰自由""任何国家机关、社会团体和个人不得强制公民信仰宗教或者不信仰宗教，不得歧视信仰宗教的公民和不信仰宗教的公民"。

4.人身与人格权　主要指公民的身体不受非法侵犯，以及与人身自由相关联的人格尊严不受侵犯、住宅不受侵犯、通信自由和通信秘密受法律保护等与公民个人生活有关的权利和自由。

5.社会经济权利　是指公民享有的经济生活和物质利益方面的权利，是公民实现其他权利的物质基础。主要包括财产权、劳动权、休息权、物质帮助权。

6.文化教育权利　宪法规定："中华人民共和国公民有受教育的权利和义务""公民有进行科学研究、文学艺术创作和其他文化活动的自由"。

7.监督权和取得国家赔偿权　监督权指公民依据宪法规定监督国家机关及其工作人员活动的权利。获得国家赔偿是指由于国家机关和国家工作人员侵犯公民权利而受到损失的人员，有依照法律规定取得赔偿的权利。

8.特定主体权利　指对妇女、离退休人员、军烈属、母亲、儿童、老人、青少年、华侨等主体权益的特殊保护。

（二）公民的基本义务

公民的基本义务也称宪法义务，是指由宪法规定的公民必须遵守和应尽的根本责任。

（1）维护国家统一和全国各民族的团结。

（2）遵守宪法和法律，保守国家秘密，爱护公共财产，遵守劳动纪律，遵守公共秩序，尊重社会公德。

（3）维护祖国安全、荣誉和利益。

（4）保卫祖国，依法服兵役和参加民兵组织。

（5）依法纳税。

（6）其他义务。父母抚育教育未成年子女，成年子女赡养父母扶助等。

我国宪法第三十三条规定："凡具有中华人民共和国国籍的人都是中华人民共和国公民。国家尊重和保障人权。任何公民享有宪法和法律规定的权利，同时必须履行宪法和法律规定的义务。"

五、宪法宣传日

为增强全社会的宪法意识，弘扬宪法精神，加强宪法实施，全面推进依法治国，第十二届全国人民代表大会常务委员会第十一次会议决定，将12月4日设立为国家宪法日。国家通过多种形式开展宪法宣传教育活动。

第三节　刑法基本知识

刑法，是规定犯罪、刑事责任和刑事处罚的法律规范的总和。刑法的任务，是用刑罚同一切犯罪行为作斗争，以保卫国家安全，保卫人民民主专政的政权和社会主义制度，保护国有财产和劳动群众集体所有的财产，保护公民私人所有的财产，保护公民的人身权利、民主权利和其他权利，维护社会秩序、经济秩序，保障社会主义建设事业的顺利进行。

2020年12月26日，中华人民共和国第十三届全国人民代表大会常务委员会第二十四次会议通过《中华人民共和国刑法修正案（十一）》，修正后的刑法自2021年3月1日起施行。

一、我国刑法的性质和基本原则

（一）性质

我国刑法的阶级性质，主要体现在两方面：①刑法具有比其他法律更强的阶级性；②刑法具有社会性，即它不仅要维护统治阶级的利益，也要维护社会中绝大多数人的利益。刑法的法律性质：刑法是关于犯罪和刑罚的内容特定的部门法；刑法是制裁（禁止）

性的实体法；刑法不仅调整（保护）范围广泛，而且具有调整（强制）手段的严厉性与对利益维护的保障性。

（二）基本原则

我国刑法第三条、第四条、第五条分别规定了以下三条基本原则。

1.罪刑法定原则 即指法无明文规定不为罪。

2.适用平等原则 对任何人犯罪，在适用法律上一律平等，不允许任何人有超越法律的特权。

3.罪责刑相适应原则 刑罚的轻重应当与犯罪分子所犯罪行和承担的刑事责任相适应。

二、刑法相关内容介绍

目前刑法规定的罪名有483个，其中过失犯罪48个，占总数的11%；故意犯罪374个，占总数的89%。根据服务行业曾经出现过的犯罪案件，以下犯罪及处罚值得注意。

（一）盗窃罪

根据刑法第二百六十四条规定，盗窃公私财物数额较大或者多次盗窃、入户盗窃、携带凶器盗窃、扒窃的犯罪行为。

根据《最高人民法院、最高人民检察院关于办理盗窃刑事案件适用法律若干问题的解释》对盗窃罪的司法解释，第一条规定：盗窃公私财物价值1000元至3000元以上、3万元至10万元以上，30万元至50万元以上的，应当分别认定为刑法第二百六十四条规定的"数额较大""数额巨大""数额特别巨大"。第二条规定：盗窃公私财物，具有曾因盗窃受过刑事处罚的、1年内曾因盗窃受过行政处罚的、因盗窃造成严重后果的等8种情形之一的，"数额较大"的标准可以按照前条规定标准的50%确定。第三条规定：2年内盗窃3次以上的，应当认定为"多次盗窃"。

（二）放火罪

放火罪指的是故意放火焚烧公私财物，危害公共安全的犯罪行为。

根据刑法第一百一十四条和第一百一十五条的规定，犯放火罪的，尚未造成严重后果的，处3年以上10年以下有期徒刑；致人重伤、死亡或使公私财产遭受重大损失的，处10年以上有期徒刑、无期徒刑或死刑。

（三）故意杀人罪

故意杀人罪指的是故意非法剥夺他人生命的犯罪行为。根据刑法第二百三十二条，故意杀人的，处死刑、无期徒刑或者10年以上有期徒刑；情节较轻的，处3年以上10年以下有期徒刑。

（四）故意伤害罪

故意伤害罪指的是故意非法伤害他人身体健康并达到一定的严重程度（致人重伤的，致人死亡或者以特别残忍手段致人重伤造成严重残疾的）应受刑法处罚的犯罪行为。

根据刑法第二百三十四条，故意伤害他人身体的，处3年以下有期徒刑、拘役或者管制；故意伤害他人身体，致人重伤的，处3年以上10年以下有期徒刑；故意伤害他人身体，致人死亡或者以特别残忍手段致人重伤造成严重残疾的，处10年以上有期徒刑、无期徒刑或者死刑。

（五）投毒罪

投毒罪指的是故意投放毒物危害公共安全的犯罪行为。

2001年的刑法修正案（三）已将"投毒罪"改为"投放危险物质罪"。根据刑法第一百一十四条、第一百一十五条规定，投放毒害性、放射性、传染病病原体等物质，尚未造成严重后果的，处3年以上10年以下有期徒刑；致人重伤、死亡或者使公私财产遭受重大损失的，处10年以上有期徒刑、无期徒刑或者死刑。

（六）诈骗罪

诈骗罪指的是以非法占有为目的，用虚构事实或者隐瞒真相的方法，骗取数额较大的公私财物的犯罪行为。

根据刑法第二百六十六条规定，诈骗公私财物，数额较大的，处3年以下有期徒刑、拘役或者管制，并处或单处罚金；数额巨大或者有其他严重情节的，处3年以上10年以下有期徒刑，并处罚金；数额特别巨大或者有其他特别严重情节的，处10年以上有期徒刑或者无期徒刑，并处罚金或者没收财产。

第四节　民法典基市知识

为了保护民事主体的合法权益，调整民事关系，维护社会和经济秩序，适应中国特色社会主义发展要求，弘扬社会主义核心价值观，根据宪法，制定本法。

2020年5月28日，第十三届全国人民代表大会第三次会议表决通过了《中华人民共和国民法典》（以下简称民法典），自2021年1月1日起施行。原婚姻法、继承法、民法通则、收养法、担保法、合同法、物权法、侵权责任法、民法总则同时废止。

民法典分总则、物权、合同、人格权、婚姻家庭、继承、侵权责任以及附则共7编、1260条。总则规定了民事活动必须遵循的基本原则和一般性规则。

一、民法典的基本原则

1.**平等原则**　民事主体在民事活动中的法律地位一律平等。

2.**自愿原则**　民事主体从事民事活动，应当遵循自愿原则，按照自己的意思设立、变更、终止民事法律关系。

3.**公平原则**　民事主体从事民事活动，应当遵循公平原则，合理确定各方的权利和义务。

4.**诚信原则**　民事主体从事民事活动，应当遵循诚信原则，秉持诚实，恪守承诺。

5.**守法与公序良俗原则**　民事主体从事民事活动，不得违反法律，不得违背公序良俗。

6.**绿色原则**　是指民事主体从事民事活动，应当有利于节约资源、保护生态环境。

二、民法典的适用范围

1.**民法典对人的适用范围**　是指民事法律规范对于哪些人具有法律效力。民法典第十二条规定："中华人民共和国领域内的民事活动，适用中华人民共和国法律。法律另有规定的，依照其规定。"即在我国境内的自然人及法人，除法律另有规定的以外，均适用民法典；我国自然人、法人在国外发生的民事法律关系，一般适用所在地的法律规定，但法律另有规定的除外。

2.**民法典在空间上的适用范围**　是指民事法律规范在地域上所具有的效力。我国立法部门和政府制定的民事法律规范，其适用的空间范围及于我国的领土、领空、领海，包括我国驻外使馆、在我国领域外航行的我国船舶。

3.**民法典在时间上的适用范围**　是指民事法律规范的生效时间和失效时间，以及民事法律规范对其生效前发生的民事法律关系有无溯及力。

三、民事法律关系

（一）民事法律关系的概念

民事法律关系是指由民事法律规范调整的、以平等主体之间的权利义务为内容的社会关系，它包括人身关系和财产关系。

（二）民事法律关系的要素

1.**民事法律关系的主体**　一般指民事法律关系中享受权利、承担义务的参与者、当事人。民事主体参与民事法律关系取决于其民事权利能力和民事行为能力。民事法律关系的主体主要是自然人和法人。在一些特定的民事法律关系中，其主体也可以是不具有法人资格的其他社会组织。

2.民事法律关系的客体 是指民事权利和民事义务所共同指向的对象。主要包括以下4种。

（1）物 是存在于人体之外，能够为人力所支配并且能满足人类某种需要，具有稀缺性的物质对象。

（2）行为 专指为满足他人利益而进行的活动，主要是提供劳务、提供服务一类行为（如运送货物、完成工作等）。保管、运输、加工承揽、演出等合同关系的客体是行为。

（3）人身利益 是人身权法律关系的客体。人身利益包括生命健康、姓名、名誉、荣誉等。

（4）智力成果 是指依靠人的脑力劳动创造的精神财富，是知识产权的客体，包括文学、艺术、科技作品、发明、实用新型、外观设计以及商标等。知识权保护的不是智力成果的载体，而是载体上的信息，载体本身属物权保护对象。

3.民事法律关系的内容 是指民事主体所享有的权利和承担的义务。任何个人和组织作为民事主体，参与民事法律关系，必然要享有民事权利和承担民事义务。

四、民事权利

保护民事权利是民事立法的重要任务。民法典各分编主要围绕某一种民事权利、某一类民事活动展开。民法典第一百一十条规定："自然人享有生命权、身体权、健康权、姓名权、肖像权、名誉权、荣誉权、隐私权、婚姻自主权等权利。法人、非法人组织享有名称权、名誉权和荣誉权。"

民事主体的财产权利包括物权、债权、继承权等。为建设创新型国家，民法典总则编对知识产权作出概括性规定，以统领各单行的知识产权法律。同时，吸收互联网时代民法规则的新发展，对数据、网络虚拟财产的保护作出原则性规定，体现出鲜明的时代价值。此外，还规定了民事权利的取得和行使规则等内容。

→ 岗位情境模拟

情景描述：张某和黄某均为某幼儿园工作人员，两人因工作分工起争执，张某心有不快，并于当日下午在微信朋友圈发表言论，以未直接提及该幼儿园名称及黄某姓名的方式辱骂、诋毁黄某，引起了大量微信网友特别是张某所在班级幼儿家长的关注。黄某遂以侵害名誉权将其诉至法院。

请问：张某在微信上发表言论的行为是否侵害了黄某的名誉权？

参考答案：是。民法典第一千零二十四条规定："民事主体享有名誉权。任何组织或者个人不得以侮辱、诽谤等方式侵害他人的名誉权。名誉是对民事主体的品德、声望、才能、信用等的社会评价。"根据这一规定，侵害公民名誉权的行为应具有如下法律特征：①在侵害对象上，被侵害人是特定人。当然不一定要指名道姓，如果所指定的对象是特定环境、特定条件下的具体人，即使没有指名道姓，同样可以构成对他人名誉权的侵害；②在侵害方式上，主要是以侮辱、诽谤等方式损害公民的名誉。

重点回顾

重点回顾

参考答案

目标检测

思考题

1. 简述服务行业法律法规的范畴。

2. 宪法中公民的基本权利和义务有哪些？

3. 刑法的基本原则是什么？

4. 民法典的基本原则有哪些？

第二章 服务行业的法律关系

🖐 学习目标

1.掌握法律关系的概念和法律关系构成的三要素；家政服务员的概念。

2.熟悉服务行业法律关系的主体和客体；家政服务法律关系的主体和客体。

3.了解服务行业相关法律责任，提升服务行业从业人员的职业素养和服务质量，促进服务行业高质量健康发展。

第一节 服务行业法律关系概述

所谓法律关系，就是指法律规范在调整人们的行为过程中所形成的具有法律上权利义务形式的特定社会关系。法律关系是一种以国家强制力作为保障的社会关系，当法律关系受到破坏时，国家会动用强制力进行矫正或恢复。法律关系一般由三要素构成，即法律关系的主体、法律关系的客体和法律关系的内容。按照不同标准分类，法律关系可分为一般法律关系与具体法律关系；调整性法律关系与保护性法律关系；平权法律关系与隶属法律关系；积极型法律关系与消极型法律关系；简单法律关系与复杂法律关系；各部门法的法律关系等。

服务行业法律关系，就是包括宪法、劳动法、消费者权益保护法、社会保障法、侵权责任法、刑法等在内的广义上的服务行业法律规范，在调整服务机构、服务员、雇主（用户、消费者）等相关主体之间的服务行为、活动过程中所产生的权利与义务而形成的服务行业社会关系。

从严格意义上来看，服务行业法律关系必须是以现实中已经制定的服务行业相关法律为前提而产生的社会关系，没有法律的规定，就不可能形成相应的法律关系。换言之，在我国尚未出台专门性的服务行业法律之前，我们所讨论的服务行业法律关系只能是服务行业中的法律关系，即服务行业的民事法律关系、劳动法关系、消费者权益保护法关系，妇女权益保障法关系、刑法关系等。因为在这些领域，已经有对应的国家法律对现实社会中的人、事、物、行为加以规范、调整和保护，并形成了真实存在且具有法律结果意义的权利和义务。

第二节　服务行业法律关系的主体和客体

服务行业法律关系的主体：服务行业从业人员、服务机构或企业、雇主等。

服务行业法律关系的客体：服务行业法律关系中主体享有的权利和义务所指向的对象或标的，即归属于服务行业的物、人身、行为结果和精神等四大类。以下将以家政专业为例，分析服务行业法律关系主体和客体。

一、家政服务法律关系的主体

从中国目前的家政行业与家政产业发展的现状出发，在缺乏国家专门立法调整的前提下，家政服务从业人员，即家政服务员、（家政）专业人员，或者说国际劳工法语境下的"家政工"，都是以家庭（雇主或用户）为服务对象提供的一种有偿生活服务。无论是入户提供满足日常生活需求的家庭保洁、膳食烹饪、生活照护服务，还是入住提供育婴、育儿、老人陪护等家务操持或家事服务的，凡从事这类服务的人员（除员工制家政企业外），都无法成为受劳动法调整并保护的主体对象，而只能纳入民事法律如民法典、消费者权益保护法等法律调整的范畴。

（一）家政服务从业人员

家政服务从业人员，从广义上说，包括了家政服务从业人员以及家政服务与管理的从业人员，多数情况下，被认为是个体意义上的家政服务员，或者说家政服务人员。

1.家政服务员的概念　家政服务员，即家政工，指以家庭为服务对象，进入家庭成员住所或以固定场所集中提供对孕产妇、婴幼儿、老人、患者、残疾人等的照护以及保洁、烹饪等有偿服务，满足家庭生活需求的服务员。可分为一般型的家政服务员和住家型的家政服务员。

根据国家商务部令2012年第11号《家庭服务业管理暂行办法》第二条规定，家庭服务员，是指根据家庭服务合同的约定提供家庭服务的人员。依照第十三条规定，从事家庭服务活动，家庭服务机构或家庭服务员应当与消费者以书面形式签订家庭服务合同。家庭服务员依法应符合相关基本要求，包括遵守国家法律、法规和社会公德；遵守职业道德；遵守合同，按照合同约定内容提供服务；掌握相应职业技能，具备必需的职业素质。

根据该办法规定，家庭服务机构不得侵害其合法权益，包括不得扣押、拖欠家庭服务员工资或收取高额管理费，以及其他损害家庭服务员合法权益的行为；不得扣押家庭服务员身份、学历、资格证明等证件原件。当消费者有以下不合理或违法行为发生时，可以拒绝提供服务：不能提供合同约定的工作条件的；对家庭服务员有虐待或者严重损害人格尊严行为的；要求家庭服务员从事可能对其人身造成损害行为的；要求家庭服务员从事违法犯罪行为的。

2011年，上海市工商局、上海市妇联以及上海市家庭服务业协会联合制定的《上海市家政服务合同示范文本》（2011年版）正式向社会推出，家政服务人员、雇主与家政服务机构三方的权利义务得以详细明确。为方便当事人签约，示范文本首次在一份合同中融合了家政服务员与雇主的家政服务关系，家政服务员、雇主与家政服务机构之间的中介服务关系。列明了家政服务员必须履行的义务，如不得向他人泄露雇主隐私，以及未经雇主同意不得带任何人进入服务场所等条款。同时，对家政从业人员的假期、服务报酬结算方式、身体状况检查、服务方式等家政市场中长期存在的弊端给予明确界定。对于纠纷化解与维权途径、意外事故的救治与自愿保险等，示范文本也均有涉及。

2. 家政服务员的分类、等级及服务项目内容　家政服务员按照服务的种类和工作项目细分，可分为从事日常家务料理的家政服务员和进入专门领域的家政服务员。前者基本指家政服务员（初级、中级、高级），后者指育婴员、母婴护理员、养老护理员（初级、中级、高级）、养老护理员（医疗照护）（初级）等。

下面根据家政服务员的等级与服务项目内容进行分类。

（1）家政服务员

【等级】初级、中级、高级。

【服务项目内容】为所服务的家庭操持家务，照顾儿童、老人、患者；根据要求管理家庭的有关事务。工作内容如下。

1）能正确使用家用电器。

2）能购买日常生活用品、食品。

3）能管理一般家庭日常生活费用开支。

4）掌握不同材料纺织品的洗涤、熨烫、保管方法；能制作家庭日常饭菜和便宴。

5）能照护幼儿、老人、患者的日常生活。

6）能教育儿童初步识数、识字及唱简单儿歌。

7）能护理一般患者并对传染病毒消毒与隔离。

8）简单居室的日常整洁与布置。

9）协助家庭安排日常生活与一般社会活动。

在雇主或用户与家政服务员订立的家政服务劳务合同中，一般将列明家政服务的劳务活动事项及要求。

（2）育婴师

【等级】初级、中级、高级。

【服务项目内容】为0~3岁婴幼儿提供照料、护理和教育的服务，辅助家庭完成科学育儿工作。工作内容如下。

1）精通婴幼儿的饮食与营养方面的知识。

2）照料婴幼儿睡眠、二便、三浴及包裹、穿脱衣服。

3）打扫居室、个人、四具的卫生工作。

4）照料婴幼儿的日常生活保健与护理。

5）培养婴幼儿动作与运动能力。

6）培养婴幼儿语言、感知与认知能力。

7）分层、分类指导及业务培训。

（3）母婴护理员

【等级】专项职业能力。

【服务项目内容】为孕产妇在分娩前后及新生儿、婴儿提供生活护理服务。工作内容如下。

1）为孕妇提供健康指导、心理支持。

2）为产妇提供临产前、分娩期、产后健康指导和护理。

3）为新生儿、婴儿进行日常护理和常见疾病的预防。

4）为婴儿配奶及补充食物。

5）对婴儿生长发育进行监测。

6）婴儿抚触、婴儿操的操作。

7）婴儿常见意外事故的预防、处理。

（4）养老护理员

【等级】初级、中级、高级。

【服务项目内容】对老年人生活进行照料、护理。工作内容如下。

1）对老年人进行生活照料。

2）技术护理。

3）康复护理。

4）心理护理。

5）培训指导和护理管理工作。

（5）养老护理员（医疗照护）

【等级】初级。

【服务项目内容】为高龄老人的生活提供以医疗护理为主、生活照料为辅的服务。工作内容如下。

1）对老年人进行清洁护理。

2）饮食护理。

3）排泄护理。

4）睡眠护理。

5）临床护理。

6）康乐护理及紧急情况处理。

（二）家庭管家

在今天，家庭管家可以被看作高端的家政服务从业者，一般是指家庭服务员作为家庭中的管理人员，用专业的家庭服务知识按照消费者的要求和生活习惯规划制定家庭工作目标、合理安排自己及其他家庭服务员的工作并负责监督和验收，确保家中的日常服务顺畅，令消费者生活舒适。

从事家庭管家服务的家庭服务员应至少具有高中及以上学历，持有高级家政职业技能资格证书或家庭服务管理专业学历证书，具有良好的沟通和组织协调能力。家庭管家的工作内容如下。

（1）负责雇主家庭服务工作的总体协调与规划安排。

（2）协助雇主招聘、培训家庭服务员，并对家庭服务员进行日常管理，包括分配、协调各家庭服务员的工作并对其进行监督检查，做好家庭服务员日常考勤等。

（3）做好家庭簿记与理财规划。合理安排、使用好消费者授权的家中日常生活费用，包括采购生活用品、支付日常费用等，并准确及时记录每一笔进出账目，做好费用台账，月底交消费者审核。

（4）做好营养饮食规划安排。根据消费者的生活习惯和饮食爱好合理调配膳食，保证饮食卫生、健康。

（5）定时检查消费者家中电器、煤气、水管等设施的使用情况，并安排做好保养工作。

（6）按照消费者要求完成家庭宴请和聚会的筹备工作，做好家庭聚会的迎送及招待服务，让宾客满意。

以下是一则管家招聘启事，可从中了解"管家"这一职位的薪资待遇、工作职责等内容。

管家招聘

待遇面议。年薪50万元起，月薪不低于4万元，上不封顶。

岗位职责：

1.私人雇主家庭事务服务第一负责人，负责服务团队面试、搭建、分工、签署劳动合同、考核等管理职责。

2.制定服务标准及流程并监督落实。

3.监督和检查服务人员仪容仪表、礼仪并保持良好的工作状态。

4.重大家庭聚会和宴会服务总负责，制定流程、标准等，并组织实施。

5.陪同雇主出席重要活动，协助处理相关事务。

6.亲自迎送、接待重要访客，并安排好相关服务。

7.积极关注最新科技发展，及时采购现代家用保洁、清洗、熨烫、维护等设备和设施。

8.完成雇主安排的其他重要事宜。

任职条件：

年龄30岁以上，男女不限，3年以上千万元以上高净值家庭事务团队管理经验，具备良好的仪容仪表和沟通协调能力、良好的职业操守和高品质的专业素质，全日制大学本科及以上学历，持有管家专业毕业证书不受此限。

福利待遇：

1.可以选择签订正式劳动合同，参加社会保险统筹和补充商业保险。

2.每天10小时和每周6天工作制，如有超出部分，按当地标准领取加班费。

3.工龄满2年后，每年享有15天额外带薪年假。

4.雇主提供独立休息房间，包食宿。

（三）家政服务机构

家政服务机构，一般是指专门从事将部分家庭事务社会化、职业化、市场化的社会专业机构，社区机构，非营利组织以及家政服务公司。通过中介服务或雇佣、派遣专业家政服务人员开展家政服务，帮助家庭与社会互动，构建家庭规范，提高家庭生活质量，以此促进整个社会的发展。

在现有的家政服务机构中，除了最初全国妇联系统下设有帮助妇女再就业的家政服务机构外，基本以家政服务企业为主。截至2021年初数据显示，目前我国共有家政相关企业191.18万家，江苏省以64.83万家企业数量遥遥领先，贵州、山东分列第二、三名。

例如，上海市妇女儿童服务指导中心（原名巾帼园）是上海市妇女联合会直属事业单位，下设上海巾帼社会服务有限公司，专门提供菜单式个性服务，包括家政服务、母婴护理、企业服务、医院护工等，帮助女性再就业。全国及各省、市、自治区的妇联系统都设有巾帼园以及"巾帼家政"家政服务机构（公司）。

作为家政服务法律关系的重要主体，我国目前家政服务机构的组织形式多种多样，既有有限责任公司、合伙企业，也有个人独资企业和个体工商户。以经营模式划分，主要分为中介型、会员制以及员工制企业。数据显示，2022年家政相关企业中，个体户数量较多，共100.97万家，占比达52%。注册资本在100万元~500万元的家政企业数量最多，占比约为40%。100万元以内和500万元~1000万元的分别占37%和12%。2021年前两个月共注册家政企业17.63万家，同比增长879%，呈现出强劲的增长势头。

1.中介型家政服务机构 是指作为中间人为前来找工作的家政服务员联系客户，由客户与家政服务员直接签订合同建立用工关系的一种家政服务经营组织。在管理方面，中介组织不履行管理职能，只按次收取介绍费，而不承担其他责任。工资支付形式方面，由客户直接将工资付给家政服务员，中介组织不参与。有的中介机构会对其介绍的家政服务员进行培训，有的则不承担培训任务。中介机构不承担家政服务员的保险费用，也不承担雇用过程中的任何风险责任。

2.会员制家政服务机构 是通过招募家政服务人员作为会员，并对其进行培训，然后介绍给客户，由会员定期缴纳一定会费的家政服务经营管理组织。通常是客户将费用交给会员制家政服务机构，机构扣除管理费后再发给家政服务员作为工资。有的会员制家政服务机构在家政服务员转换工作间隙为其提供免费住宿。

会员制家政服务机构介于中介型与员工制两者之间，在运作模式的经营管理方式、经济收益等方面要优于中介型家政服务组织。但是，在要求家政服务企业规模大、场地大、投入大等方面也存在一定劣势。该类运作模式是根据不同经济收入的客户对家政服务员的需求，利用市场经济手段对客户的不同需求采取差异化服务的一种运作模式。

3.员工制家政服务企业 是指对员工（家政服务员）进行全面管理的家政服务业机构。通过招聘家政服务员作为其员工，并按照相关章程对家政工进行统一培训、考核并领发上岗资格证明，由机构负责将其员工安排到客户家工作，客户直接支付工资给家政服务员或将工资费用支付给机构，由其扣除一定管理费用后支付给员工。在管理方面，员工制家政服务机构履行对家政服务员的管理义务，定期对其开展培训，为其支付工资、缴纳社会保险费用。在员工转换工作的间隙，由家政服务机构为其提供免费住宿。

2001年出台的《深圳经济特区家庭服务业条例》作为一部规范家政服务业的地方性法规，在现代服务业法制先行先试方面作出了非常有益的探索。该条例率先提出了"员工制"家政服务机构中的家庭服务经营者、家庭服务人员与家庭服务消费者（雇主）三者之间开展家政服务的权利义务关系。

2019年，国务院办公厅出台了《关于促进家政服务业提质扩容的意见》。其中设定了四条标准，对员工制家政服务企业作出了新的界定。

（1）直接与消费者（客户）签订服务合同，与家政服务人员依法签订劳动合同或服务协议。

（2）为家政服务人员缴纳社会保险费（已参加城镇社会保险或城乡居民社会保险均认可为缴纳生活和保险费）。

（3）直接支付或代发服务人员不低于当地最低工资标准的劳动报酬。

（4）对服务人员进行持续培训管理。

这一明确规定，较之2011年《财政部　国家税务总局关于员工制家政服务免征营业税的通知》更加符合时代的发展要求，不仅在劳动合同和社会保险等要求上降低了市场准入门槛，而且对员工制家政服务企业的认定标准也非常宽松。此前，《北京市员工制家政服务企业资格认定办法》（试行）中也提出了一条重要的认定标准，即"与家政服务员全员签订劳动合同并按规定为其缴纳社会保险"的家政服务企业才能称为符合法律要求的员工制家政服务企业。

《上海市家政服务条例》第九条规定："本市鼓励发展员工制家政服务机构。员工制家政服务机构依法与用户签订家政服务合同。"

员工制家政服务机构依法与家政服务人员签订劳动合同，建立劳动关系，缴纳城镇职工社会保险费。

家政服务人员与员工制家政服务机构未签订劳动合同但按照国家有关规定签订服务协议的，可以按照国家和本市有关规定参加城镇职工社会保险或者城乡居民社会保险。

员工制家政服务机构应当加强家政服务人员的培训和管理，定期开展服务技能、法律、职业道德、安全、卫生等方面的培训，并建立服务质量跟踪制度，对家政服务人员的工作经历、服务评价等情况予以记录。

上海市在地方性法规中对于家政服务员工制企业作出了全面完整、富于建设性意义的法律规定，表明了政府的立场态度，明确了企业与员工之间的法律关系，涵盖了从双方订立劳动合同、建立劳动关系、缴纳社会保险费以及未签订劳动合同的前提下签订服务协议等方面内容。但是，该条例中使用了"员工制家政服务机构"的称呼，而不是通常认为的"员工制家政服务企业"。这里也考虑到了我国实际国情，因为在逐渐走热的家政服务行业中，由于各种原因的存在，员工制家政服务企业与员工制家政服务叫好不叫座，因此，员工制家政服务企业的成长需要政府大力培育、社会鼎力关心支持，使家政服务员工真正成为受劳动法保护的家政服务劳动合同用工。

（四）家政服务消费者

在家政服务法律关系中，消费者，或称为用户、雇主，是接受或雇佣家政服务人员以住家或非住家（入户）的形式开展家政服务的重要法律主体。不同的称谓使用于不同的场合，如自雇型家政服务关系中的"雇主"，中介型、管理制或员工制家政服务关系中的"用户"或"消费者"。作为典型的由消费者购买力决定的买方市场，家政服务业涉及的各类主体中最不可或缺的就是雇主、消费者、用户。

（五）其他主体

在家政服务业提质扩容发展的今天，从"互联网+"家政服务到移动互联网企业进军家政服务业，越来越多的互联网企业以信息服务为媒介，成为灵活就业新经济的黏合剂，即甲方（雇主）、乙方（家政服务员）、丙方（家政服务机构）之外的丁方（信息服务中间商）。

我们必须关注到"丁方"进入家政市场后带来的法律关系变化，评估它们所起到的积极作用或带来的不确定变数的影响。

二、家政服务法律关系的客体

家政服务中的法律客体，是指家政服务法律关系中主体享有的权利和义务所指向的对象或标的，包括物、人身、行为结果和精神四大类。通常情况下，具有明确指向的"服务"（项目、活动、成果）被认为是法律客体的主要表现形式。

（一）日常家务料理服务

日常家务料理，是指以家庭日常保洁、家庭烹饪、衣物洗熨、晾晒和整理等为主，其他家庭服务为辅的服务。

（二）其他家务服务

其他家庭服务，是指除日常家务料理、病患陪护、家庭管家等服务项目外，针对消费者合法需求提供的其他家庭服务。其中包括如下内容。

1. 育婴服务　是指为0~3岁的婴幼儿提供生活照料、保健与护理和婴幼儿早期教育，并根据消费者需求对其家庭成员进行相关指导的服务。

2. 婴幼儿看护服务　是指为0~6岁的婴幼儿提供日常起居照料的服务。

3. 母婴护理服务　是指对孕妇、产妇和新生儿进行生活照料和保健护理的服务。从事母婴护理的家庭服务员必须持有母婴护理职业资格证书。

4. 养老护理服务　对老年人生活进行照料、护理的服务。

5. 养老医疗照护服务　对高龄老人生活进行以医疗护理为主、生活照料为辅的服务。

（三）家庭管家服务

家庭管家服务，不仅包括了日常家务料理服务和其他家庭服务等有形行为，而且从满足精神世界需求方面延展至营造家庭生活美学、提升家庭生活品质、缔造家庭生活幸福等多方面服务。具体服务详见本节"家庭管家"的内容。

第三节　服务行业相关法律责任

一、服务行业相关法律责任概述

在服务行业法律关系中，各方法律主体围绕法律客体展开的法律内容，时常会因为签约不规范引起合同无效、合同不履行或合同终止，甚至在服务过程中因发生意外致伤、致残、致死，产生各种违约与侵权的情况，进而引起法律责任。本节将通过家政服务具体案例来解释说明在服务过程中法律责任承担的问题。

二、家政服务合同纠纷案例案情介绍

↔ 岗位情境模拟

情景描述：一日，消费者王女士到工商局投诉，起因是王女士与某家政公司签订协议雇用一名到家服务的家政服务员，但公司派出的家政服务人员在消费者家中工作半天后就再无消息。之后，王女士找到签约的家政公司要求退还所交服务费800元，但公司拒绝退还。给出的理由是：家政服务人员离开是因为你们不想用她，是被你们家气走的。在双方无法达成协议的情况下，王女士申诉到工商局。工作人员分别与家政公司、消费者进行调解，最后经过调解退还消费者服务费720元，双方均表示满意。

请问：通过本案例，你认为家政服务员与消费者之间是否建立了直接法律关系？

参考答案：没有建立直接法律关系。家政公司以公司的名义与消费者签订合同并提供家政服务，两者之间是承揽合同关系，由于家政服务人员的责任而给雇主带来损失，应当由家政公司承担赔偿责任，家政服务员与消费者之间并不直接建立法律关系。

近年来，家政服务公司与消费者之间的投诉数量有上升趋势，主要是部分公司在求职人员匮乏的情况下，聘用的员工未经正规培训直接上岗。家政服务公司不按行业有关规定进行操作的现象时有发生，消费者在找寻家政服务员之前应当根据自身需要确定标准，明确与家政公司以及家政服务员的法律关系。

家政公司以公司的名义与消费者签订合同并提供家政服务，两者之间是承揽合同关系，由于家政服务人员的责任而给雇主带来损失，应当由家政公司承担赔偿责任。家政服务员与消费者之间并不直接建立法律关系。家政公司应当为消费者提供合格的家政服务，不能因为家政服务员个人原因而回避自身的责任。最终通过综合考虑双方的过错程度，通过调解的方式达成的方案符合法律规定和现实情况，较好地处理了市场交易矛盾。

但如果消费者是通过中介公司或者熟人介绍聘请的家政服务员，此时消费者和家政服务员之间是民事雇佣关系，家政服务员提供家政服务的方式受消费者的指挥与分配，在饮食起居等方面也会受到消费者一定程度的管理，双方具有人身依附关系。当出现纠纷时，就只能向家政服务员个人主张权利、解决矛盾。

因此，消费者无论通过何种方式找寻家政服务，都必须要有签订合同的法律意识。具体的服务主体、服务内容、工资数额、福利待遇、责任承担方式等可以采用现有的合同范本，或者至少要形成文字性的记录。要事先了解掌握家政服务公司是否具备合法的经营资格，家政服务人员是否具备健康证、工作证等，在互联网上选择家政公司时也尽量选择有资质、有品牌、有好评的家政公司。这样在解决纠纷时就能明确责任主体，合法有效地处理矛盾。

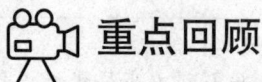 重点回顾

重点回顾

 目标检测

参考答案

思考题

1.简述法律关系的概念。

2.法律关系一般由哪三要素构成？

3.简述服务行业法律关系的概念。

4.家政法律关系的主体有哪些？

5.家政法律关系的客体有哪些？

第三章　服务行业的法律保障

我国已经制定出一系列保护劳动者的法律法规，逐步形成完善的劳动法律体系。《中华人民共和国劳动法》（以下简称《劳动法》）、《中华人民共和国劳动合同法》（以下简称《劳动合同法》）、《中华人民共和国劳动争议调解仲裁法》（以下简称《劳动争议调解仲裁法》）等法律法规对劳动关系、工作时间和休息休假、劳动合同、工资福利、劳动争议与法律责任等问题作出明确的规定。通过了解和熟悉相关法律法规，服务行业的劳动者可以在工作中自觉运用法律武器维护和保障自己的合法权益。本章主要介绍劳动法、劳动法律关系、工会、劳动合同、工资、劳动争议处理的相关概念、内容及措施。

第一节　劳动法概述

一、劳动法的概念

劳动法是指调整劳动关系以及与劳动关系有密切联系的其他社会关系的法律规范的总称。

劳动法是国家为了保护劳动者的合法权益，调整劳动关系，建立和维护适应社会主义市场经济的劳动制度，促进经济发展和社会进步，根据宪法而制定颁布的法律。从狭义上讲，我国的劳动法是指1995年1月1日起施行的《中华人民共和国劳动法》，该法于2009年8月27日第十一届全国人民代表大会常务委员会第十次会议第一次修正，2018年12月29日第十三届全国人民代表大会常务委员会第七次会议第二次修正。从广义上讲，劳动法是调整劳动关系的法律法规，以及调整与劳动关系密切相关的其他社会关系的法律规范的总称。

劳动法作为维护人权、体现人文关怀的一项基本法律，在西方甚至被称为第二宪法。我国劳动法的内容主要包括：劳动者的主要权利和义务；劳动就业方针政策及录用职工的规定；劳动合同的订立、变更与解除程序的规定；集体合同的签订与执行办法；工作时间与休息时间制度；劳动报酬制度；劳动卫生和安全技术规程等。

劳动法作为劳动法律体系的基础，配套法规众多，主要包括《中华人民共和国劳动合同法》《中华人民共和国工会法》《中华人民共和国劳动争议调解仲裁法》《中华人民共和国公司法》《中华人民共和国外资企业法》《国务院关于解决农民工问题的若干意见》《关于非全日制用工若干问题的意见》等。

二、劳动法的调整对象

（一）劳动关系

劳动法的主要调整对象是劳动关系，但并非所有劳动关系均由劳动法调整，劳动法调整的劳动关系是劳动者与用人单位之间在实现劳动过程中发生的社会关系。其特征如下：①这种关系与劳动有直接的联系，劳动是这种关系的实质和内容；②劳动关系的当事人，一方是劳动者，另一方是用人单位，且劳动者必须参加到用人单位中去，成为用人单位的成员，双方形成法律上的权利义务关系；③这种关系的发生、变更和终止，应按国家有关法律、法规办理。

劳动法在调整劳动关系时，既调整体力劳动者的劳动关系，也调整脑力劳动者的劳动关系。

（二）调整与劳动关系密切联系的其他社会关系

劳动关系是劳动法调整的主要对象，但不是唯一调整对象，它还调整与劳动关系密切联系的其他社会关系。这些社会关系本身并不是劳动关系，但是与劳动关系有着密切的联系。有的是劳动关系的必要前提，有的是劳动关系的直接后果，有的是随着劳动关系而附带产生的关系。

三、工时制度

工时制度是指法定的工作时间和休息休假的制度。

（一）工作时间

工作时间是指劳动者为用人单位从事生产和工作的时间。工作时间是法定的，用人单位安排劳动者工作的时间不能突破法律的限制。

1.工作时间的种类　工作时间包括标准工作时间、缩短工作时间、延长工作时间、不定时工作时间和综合计算工作时间。

2.延长工作时间的法律规定　延长工作时间，也称加班加点，是指用人单位经过一定程序，要求劳动者超过法律法规规定的最高限制的日工作时数和周工作天数而工作的时间。一般分为正常情况下延长工作时间和非正常情况下延长工作时间两种形式。

（1）正常情况下延长工作时间　延长工作时间需具备以下4个条件：①由于生产经营需要；②必须与工会协商；③必须与劳动者协商；④延长工作时间的长度必须符合法律规定。也就是说，只有在征得工会同意后且劳动者自愿的情况下，方可延长工作时间。延长劳动者的工作时间一般每日不得超过1小时，特殊情况下也不得超过3小时，每月不得超过36小时。

（2）非正常情况下延长工作时间　遇到法律规定需要紧急处理和必须及时抢修的情况，用人单位延长工作时间可以不受正常情况下延长工作时间的限制。

3.延长工作时间的工资支付　安排劳动者延长时间的，支付不低于工资的150%的工资报酬；休息日安排劳动者工作又不能安排补休的，支付不低于工资的200%的工资报酬；法定休假日安排劳动者工作的，支付不低于工资的300%的工资报酬。

（二）休息休假

休息休假是指劳动关系存续期间，劳动者不必进行生产和工作而自行支配的时间，包括休息时间和休假时间。

1.休息时间　是劳动者在法定工作时间以外自行支配的时间，包括日休息时间和间歇休息时间。

2.休假时间　是劳动者享有的保留工资、保留职务的休假时间，包括公休假日、法定节假日、年休假、探亲假等。

（1）公休假日　指每一工作周给予的休假日，即我国实行的双休日。《劳动法》规定："用人单位应当保证劳动者每周至少休息一日。"

（2）法定节假日　指国家规定的每年的法定节假日。如元旦、国庆节等。

（3）探亲假　指职工分居两地，又不能在公休日团聚的配偶或父母享有的保留工作岗位和工资而团聚的假期。根据国务院《关于职工探亲待遇的规定》，探亲假可以具体分为3种形式：探望配偶；未婚职工探望父母；已婚职工探望父母。

（三）带薪年休假制度

1.立法目的　维护职工休息休假权利，调动职工工作积极性。

2.适用范围　机关、团体、企业、事业单位、民办非企业单位有雇工的个体工商户等单位的职工。

3.职工带薪年休假的概念 职工连续工作1年以上的，享受带薪年休假（以下简称年休假）。单位应当保证职工享受年休假。职工在年休假期间享受与正常工作期间相同的工资收入。

4.年休假期 职工累计工作已满1年不满10年的，年休假5天；已满10年不满20年的，年休假10天；已满20年的，年休假15天。

国家法定休假日、休息日不计入年休假的假期。

5.不享受当年的年休假情形

（1）职工依法享受寒暑假，其休假天数多于年休假天数的。

（2）职工请事假累计20天以上且单位按照规定不扣工资的。

（3）累计工作满1年不满10年的职工，请病假累计2个月以上的。

（4）累计工作满10年不满20年的职工，请病假累计3个月以上的。

（5）累计工作满20年以上的职工，请病假累计4个月以上的。

6.假期执行

（1）单位根据生产、工作的具体情况，并考虑职工本人意愿，统筹安排职工年休假。

（2）年休假在一个年度内可以集中安排，也可以分段安排，一般不跨年度安排。单位因生产、工作特点确有必要跨年度安排职工年休假的，可以跨一个年度安排。

（3）单位确因工作需要不能安排职工休年休假的，经职工本人同意，可以不安排职工休年休假。对职工应休未休的年休假天数，单位应当按照该职工日工资收入的300%支付年休假工资报酬。

7.监督检查主体 县级以上地方人民政府人事部门、劳动保障部门以及工会组织。

8.违法责任 单位不安排职工休年休假又不依照本条例规定给予年休假工资报酬的，由县级以上地方人民政府人事部门或者劳动保障部门依据职权责令限期改正；对逾期不改正的，除责令该单位支付年休假工资报酬外，单位还应当按照年休假工资报酬的数额向职工加付赔偿金；对拒不支付年休假工资报酬、赔偿金的，属于公务员和参照公务员法管理的人员所在单位的，对直接负责的主管人员以及其他直接责任人员依法给予处分；属于其他单位的，由劳动保障部门、人事部门或者职工申请人民法院强制执行。

第二节 劳动法律关系

一、法律关系与劳动法律关系的概念

法律关系是法律规范在调整人们行为过程中形成的法律上的权利和义务关系。劳动法律关系，是劳动关系在法律上的表现，是当事人之间发生的符合劳动法律规范、具有权利义务内容的关系。

二、劳动法律关系的主体

劳动法律关系的主体是指根据劳动法的规定，享有权利和承担义务的劳动法律关系的参加者，包括劳动者和用人单位。

1.劳动者 是指达到法定年龄，具有劳动能力，能够依法签订劳动合同，独立给付劳动并获得劳动报酬的自然人。作为劳动法主体的劳动者包括：①在我国境内与企业、个体经济组织、民办非企业单位等组织形成劳动关系的劳动者；②国家机关、事业组织、社会团体和与之建立劳动合同关系的劳动者；③实行企业化管理的事业组织人员；④党委书记、工会主席等党群专职人员也属于职工，应依法与用人单位签订劳动合同。

2.用人单位 是指能够依法签订劳动合同、使用劳动力并给付劳动报酬的组织。用人单位包括：①企业，包括我国境内的各类企业；②个体经济组织，一般是指雇工在7人以下的个体工商户；③民办非企业单位；④国家机关、事业组织与社会团体。

三、劳动法律关系的内容

劳动法律关系的内容，是劳动法律关系主体享有的权利和承担的义务。劳动者享有平等就业和选择职业、获得劳动报酬、休息休假、劳动保护、职业培训、享受社会保险、提请劳动争议处理及法律法规规定的其他权利。劳动者承担完成生产任务、提高职业技能、执行劳动安全卫生规程、遵守劳动纪律和职业道德的义务。用人单位应当依法建立和完善规章制度、保障劳动者权利的行使。

1.劳动者的权利

（1）平等就业的权利 《劳动法》规定，凡具有劳动能力的公民，都有平等就业的权利，即劳动者拥有劳动就业权。劳动就业权是有劳动能力的公民获得参加社会劳动的切实保证按劳取酬的权利。公民的劳动就业权是公民享有其他各项权利的基础。

（2）选择职业的权利 《劳动法》规定，劳动者有权根据自己的意愿、自身的素质、能力、志趣和爱好，以及市场信息等选择适合自己才能、爱好的职业，即劳动者拥有自由选择职业的权利。选择职业的权利有利于劳动者充分发挥自己的特长，促进社会生产力的发展。这既是劳动者劳动权利的体现，也是社会进步的一个标志。

（3）取得劳动薪酬的权利 《劳动法》规定，劳动者有权依照劳动合同及国家有关法律取得劳动薪酬。获取劳动薪酬的权利是劳动者持续行使劳动权不可少的物质保证。

（4）获得劳动安全卫生保护的权利 《劳动法》规定，劳动者有获得劳动安全卫生保护的权利。这是对劳动者在劳动中的生命安全和身体健康，以及享受劳动权利的最直接的保护。

（5）享有休息的权利　我国宪法规定，劳动者有休息的权利。为此，国家规定了职工的工作时间和休假制度，并发展劳动者休息和休养的设施。

（6）享有社会保险的福利的权利　为了给劳动者患疾病时和年老时提供保障，我国《劳动法》规定，劳动者享有社会保险和福利的权利，即劳动者享有包括养老保险、医疗保险、工伤保险、失业保险、生育保险等在内的劳动保险和福利。社会保险和福利是劳动力再生产的一种客观需要。

（7）接受职业技能培训的权利　我国宪法规定，公民有教育的权利和义务。所谓受教育既包括受普通教育，也包括受职业教育。接受职业技能培训的权利是劳动者实现劳动权的基础条件，因为劳动者要实现自己的劳动权，必须拥有一定的职业技能，而要获得这些职业技能，就必须获得专门的职业培训。

（8）提请劳动争议处理的权利　《劳动法》规定，当劳动者与用人单位发生劳动争议时，劳动者享有提请劳动争议处理的权利，即劳动者享有依法向劳动争议调解委员会、劳动仲裁委员会和法院申请调解、仲裁、提起诉讼的权利。其中，劳动争议调解委员会由用人单位、工会和职工代表组成，劳动仲裁委员会由劳动行政部门的代表、同级工会、用人单位代表组成。

（9）法律规定的其他权利　包括依法参加和组织工会的权利，依法享有参与民主管理的权利，劳动者依法享有参加社会义务劳动的权利，从事科学研究、技术革新、发明创造的权利，依法解除劳动合同的权利，对用人单位管理人员违章指挥、强令冒险作业有拒绝执行的权利，对危害生命安全和身体健康的行为有权提出批评、举报和控告的权利，对违反劳动法的行为进行监督的权利等。

2.用人单位的权利

（1）依法建立和完善规章制度的权利　源于用人单位享有的生产指挥权，既然用人单位享有生产指挥权，所有用人单位就有权根据本单位的实际情况，在符合国家法律、法规的前提下制定各项规章制度，要求劳动者遵守。

（2）根据实际情况制定合理劳动定额的权利　用人单位帮劳动者签订劳动合同后，就获得了一定范围劳动者的劳动使用权，并有权根据实际情况给劳动者制定合理的劳动定额。对于用人单位规定的合理的劳动定额，在没有出现特殊情况时，劳动者应当予以完成。

（3）对劳动者进行职业技能考核的权利　用人单位有权对劳动者进行职业技能考核，并根据劳动者劳动技能的考核结果安排其适合的工作岗位和奖金薪酬。

（4）制定劳动安全操作规程的权利　用人单位有权利根据劳动法上劳动安全卫生标准，制定本单位的劳动保护制度，要求劳动者在劳动过程中必须严格遵守操作规程。

（5）制定合法作息时间的权利 用人单位享有根据本单位具体情况和对员工工作时间的要求，合法安排劳动者作息时间的权利。

（6）制定劳动纪律和职业道德标准的权利 为了保证劳动得以正常有序进行，用人单位有权制定劳动纪律和职业道德标准。劳动纪律是用人单位制定的劳动者在劳动过程中必须遵守的规章制度。这是组织社会劳动的基础和必要条件。职业道德是劳动者在劳动实践中形成的共同的行为准则，也是劳动者的职业要求。制定劳动纪律和职业道德标准必须符合法律规范。

（7）其他权利 包括提请劳动争议处理的权利，平等签订劳动合同的权利等。

四、劳动法律关系的客体

劳动法律关系的客体，是劳动法律关系主体的权利义务共同指向的对象。在多数情况下，劳动法律关系的客体是指行为，有时则表现为行为和物的结合。

劳动法律关系的主体、内容和客体，是劳动法律关系的三要素，缺一不可。

第三节 工 会

一、工会的性质

《中华人民共和国工会法》（以下简称《工会法》）第二条第一款明确规定："工会是中国共产党领导的职工自愿结合的工人阶级的群众组织，是中国共产党联系职工的桥梁和纽带。"《中国工会章程》作出更进一步的明确："中国工会是中国共产党领导的职工自愿结合的工人阶级群众组织，是党联系职工的桥梁和纽带，是国家政权的重要社会支柱，是会员和职工利益的代表。"这就表明，中国工会的本质属性是阶级性、群众性和政治性的相互统一。

1.工会的阶级性 是工会区别于其他任何群众组织的一个本质属性。工会的阶级性的具体内容可能随时代的发展而有所变化，但工会的阶级性不会改变。工会的阶级性体现在三个方面：①工会的会员必须是工人阶级成员；②工会的成立和存在体现了阶级性；③工会的活动体现了阶级性。

2.工会的群众性 工会是工人阶级的群众组织，拥有广大的职工群众，工会的群众性是工会的一个基本属性，它是工会性质的重要内容，是工会与工人阶级范围内其他组织相区别的根本标志。工会的群众性体现在三个方面：①工会成员具有广泛性；②工会内部生活的民主性体现了工会的群众性；③工会组织的自愿性体现了工会的群众性。

3. 工会的政治性　工会自觉接受中国共产党的领导，鲜明地体现了我国工会具有高度的政治性。习近平总书记强调："工会工作做得好不好、有没有取得明显成效，关键看有没有坚持正确的政治方向。"正确政治方向，核心就是要坚持中国共产党领导和社会主义制度。坚持正确的政治方向，是工会做好工作、发挥作用的根本，也是工会作为党领导下的工人阶级群众组织的历史使命。

二、工会的社会职能

作为重要的社会团体组织，工会要承担相应的社会职能。工会的社会职能是回答工会应该履行什么样的社会责任。根据《中国工会章程》有关规定，工会具有四项社会职能，即维护、建设、参与和教育职能。

1. 工会的维护职能　工会的基本职责是代表和维护职工的合法权益。工会产生和存在的客观性，决定了工会必须代表和维护职工的合法权益。突出工会的维权职能，突出维护职工的合法权益职责，是工会自身性质的客观要求，是建立和完善社会主义市场经济体制的客观需要，也是坚持我党"全心全意为人民服务"宗旨的重要体现。

2. 工会的建设职能　工会所履行的建设职能与国家管理机关和企事业单位的建设职能相比有其本身的特点，表现在工会履行建设职能不仅仅是生产这一领域，而是包括生产、交换、分配、消费的各个领域。具体来讲，工会建设职能的主要内容是调动和发挥生产者的积极性和创造性；组织职工不断变革和改组生产关系的某些方面和劳动组织、劳动形式的具体内容，使生产关系更加适应生产力的发展；组织和代表职工积极参与其他经济领域的活动。

3. 工会的参与职能　代表和组织职工参与国家和社会事务管理，参与企业、事业单位民主管理，实施民主监督，是工会代表职工权益，依法维护职工利益的重要渠道、途径和形式。中国工会履行参与职能的主要形式和途径：参与立法和政策的制定；工会与政府及其有关部门召开联席会议；发挥工会界代表和委员在各级人大、政协中的作用；加强基层职工民主管理，完善基层协调劳动关系的机制；参加协调劳动关系三方会议；畅通信息渠道；民主监督等。

4. 工会的教育职能　包括对职工进行思想政治教育和文化技术教育。当前，工会履行教育职能的主要内容：提高职工思想道德、技术业务和科学文化素质。工会教育职能的目标：建设有理想、有道德、有文化、有纪律的"四有"职工队伍。

三、工会的根本活动准则

《工会法》第四条对工会的活动准则作出明确规定："工会必须遵守和维护宪法。以宪法为根本的活动准则，以经济建设为中心，坚持社会主义道路、坚持人民民主专政，坚持中国共产党的领导，坚持马克思列宁主义毛泽东思想邓小平理论，坚持改革开放，依照工会章程独立自主地开展工作。"

工会是工人阶级的群众组织，是重要社会团体。因此，工会依照章程独立自主地开展工作。工会章程是依据法律和党的路线、方针、政策，依据工人阶级群众组织的特点和广大职工的愿望、要求制定的。一方面，工会要接受同级党委的领导；另一方面，党委、政府不应干涉工会的日常工作，不要随意抽调工会干部从事他们本职以外的工作，不应把工会组织的机构撤销、合并或归属于其他部门。

四、工会的权利和义务

工会的权利是指法律规定工会所享有的权利，表现为工会有权作出或不作出一定的行为和要求他人作出相应的行为。工会的义务是指法律要求工会必须履行的责任，表现为工会必须作出一定的行为或不得作出一定的行为。

（一）工会的权利

《工会法》对我国工会的权利作出明确的规定，主要包括代表和维护权、参与权、监督权、财产权和诉讼权。

1.代表和维护权　工会有依法代表和维护职工合法权益的权利。体现在以下4个方面：①代表和维护职工的民主权利；②代表和维护职工的劳动权益；③代表职工协商签订集体合同；④帮助和指导职工签订劳动合同。

2.参与权　工会有代表职工参与国家和社会事务的管理以及参与企事业管理的权利。包括宏观参与权和微观参与权。

（1）宏观参与权　工会在国家、政府这一宏观层面参与决策，源头上维护职工合法权益。

（2）微观参与权　工会参与企事业单位管理的各项权利。

3.监督权　工会通过监督来落实工会的代表维护权、参与权。监督权包括：监督企事业单位执行职工代表大会决议情况的权利；对企事业单位侵犯职工合法权益的情况进行调查的权利；监督企事业单位执行劳动法律法规情况的权利等。

（二）工会的义务

工会的义务包括：遵守和维护宪法和法律的义务；支持协助人民政府开展工作的义务；促进经济与社会发展的义务；为职工服务；协助行政做好相关工作的义务；教育职工提高素质的义务；关心职工文化、体育生活的义务。

（三）工会会员的权利和义务

1.工会会员的权利

（1）选举权、被选举权和表决权。

（2）对工会组织和工会干部进行监督。

（3）对国家和社会生活中出现的问题提出意见和建议，并有权要求工会组织向有关方面反映问题。

（4）在其合法权益受到侵犯时，要求工会给予保护。

（5）享受工会举办的文化、教育、娱乐和医疗休养等优惠待遇以及工会予以的奖励。

（6）在工会会议和工会报刊上，参加关于工会工作和职工关心的问题的讨论。

2.工会会员的义务

（1）学习政治、经济、文化、科学、技术和工会基本知识等。

（2）参加民主管理，努力完成生产和工作任务。

（3）遵守国家法律，维护社会公德和职业道德，遵守劳动纪律。

（4）正确处理国家、集体、个人三者利益关系，向危害国家和集体利益的不良行为作斗争。

（5）维护工人阶级内部的团结和统一，发扬阶级友爱，搞好互帮互助。

（6）遵守工会章程，执行工会决议，参加工会活动，按月缴纳会费。

第四节　劳动合同

劳动合同，是指劳动者与用人单位之间依照法律规定，在平等自愿、协商一致的基础上，确立劳动关系、明确双方权利和义务的书面协议。

一、劳动合同的订立

（一）劳动合同的订立

劳动合同的订立，是指劳动者与用人单位就劳动合同条款达成一致，从而确立劳动关系和明确双方权利义务关系的法律行为。订立劳动合同，应当遵循合法、公平、平等自愿、协商一致、诚实信用的原则。依法订立的劳动合同具有约束力，用人单位与劳动者应当履行劳动合同约定的义务。

劳动合同由用人单位与劳动者协商一致，并经用人单位与劳动者在劳动合同文本上签字或者盖章生效。《劳动合同法》规定："用人单位自用工之日起即与劳动者建立劳动关系；建立劳动关系，应当订立书面劳动合同；用人单位与劳动者在用工前订立劳动合同的，劳动关系自用工之日起建立；劳动合同应当在建立劳动关系的一个月内订立。"因此，劳动合同在用工前订立、用工之日订立、用工之日起一个月内订立，都符合规定。

（二）劳动合同条款

劳动合同的条款包括法定条款和约定条款两种。

1.法定条款　是指法律规定的劳动合同必须具备的条款。劳动合同应具备以下条款。

（1）用人单位的名称、住所和法定代表人或者主要负责人。

（2）劳动者的姓名、住址和居民身份证或者其他有效身份证件号码。

（3）劳动合同期限。

（4）工作内容和工作地点。

（5）工作时间和休息休假。

（6）劳动报酬。

（7）社会保险。

（8）劳动保护、劳动条件和职业危害防护。

（9）法律法规规定应当纳入劳动合同的其他事项。

劳动合同的期限分为固定期限、无固定期限和以完成一定的工作为期限的劳动合同。

1）固定期限劳动合同：用人单位与劳动者约定合同终止时间的劳动合同。用人单位与劳动者协商一致，可以订立固定期限劳动合同。

2）无固定期限劳动合同：用人单位与劳动者约定无确定终止时间的劳动合同。订立无固定期限劳动合同有两种情形：①用人单位与劳动者协商一致；②出现法律规定的下列情形时，应当订立无固定期限劳动合同：劳动者已在该用人单位连续工作满10年的；用人单位初次实行劳动合同制度或者国有企业改制重新订立劳动合同时，劳动者在该用人单位连续工作满10年且距法定退休年龄不足10年的；连续订立两次固定期限劳动合同的；用人单位自用工之日起满1年不与劳动者订立书面劳动合同的。

3）以完成一定的工作为期限的劳动合同：用人单位与劳动者约定以某项工作的完成为合同期限的劳动合同。

➡ 岗位情境模拟

情景描述：小李在某服务有限公司连续工作了3年，前后两次签订劳动合同。第二个合同2022年7月到期，小李很喜欢现在的工作，在岗位上一直勤恳工作，多次受到公司的表彰，业务上有很大的起色，他很想与公司续订劳动合同，于是向主管部门提出续订无固定期限劳动合同的意向，得到人事部经理的回复是：可以续订，但是只能签订最多2年的合同，并且解释说，劳动合同有个明确的、固定的期限，是为了保障小李的利益，无固定期限合同如果要解除很麻烦。小李认为无固定期限劳动合同才能更好地保障自己的权益。双方对此产生了意见分歧。

请问：小李可以要求服务有限公司签订无固定期限劳动合同吗？

参考答案：《劳动合同法》第十四条规定："连续订立二次固定期限劳动合同，且劳动者没有劳动合同法法第三十九条和第四十条第一项、第二项规定的情形，续订劳动合同的，用人单位与劳动者协商一致，可以订立无固定期限劳动合同。劳动者提出或者同意续订、订立劳动合同的，除劳动者提出订立固定期限劳动合同外，应当订立无固定期限劳动合同。"本案例中，小李已与服务公司有两次签订劳动合同，符合签订无固定期限劳动合同的条件，可以要求服务有限公司签订无固定期限劳动合同。

2.约定条款　是指劳动合同当事人双方协商的条款。主要包括试用期、服务期、商业秘密保护及竞业限制、补充保险和福利待遇等。

试用期是用人单位和劳动者建立劳动关系后为相互了解、选择而约定的考察期。试用期包含在合同期限以内。

（1）试用期的次数　同一用人单位与同一劳动者只能约定一次试用期。

（2）试用期的期限　3个月以上不满1年的，不得超过1个月；1年以上不满3年的，不得超过2个月；3年以上固定期限和无固定期限的劳动合同，不得超过6个月。

（3）试用期期间的劳动报酬　劳动者在试用期的工资不得低于本单位相同岗位最低档工资或者劳动合同约定工资的80%，并不得低于用人单位所在地的最低工资标准。

服务期是用人单位为劳动者提供专项培训费用，进行专业技术培训的情况下，劳动者必须为用人单位提供服务的期限。服务期是劳动者应履行的一项义务，同时也是用人单位的权利。劳动者违反服务期约定的，应当按照约定向用人单位支付违约金，其数额不得超过用人单位提供的培训费用。用人单位要求劳动者支付的违约金不得超过服务期尚未履行部分所应分摊的培训费用。服务期间不影响按照正常的工资调整机制提高劳动者的劳动报酬。

（三）无效劳动合同的情形及处理

1.劳动合同无效或部分无效

（1）以欺诈、胁迫的手段或乘人之危，使对方在违背真实意思的情况下订立或者变更劳动合同的。

（2）用人单位免除自己的法定责任、排除劳动者权利的，也就是劳动合同中的"霸王条款"无效。

（3）违反法律行政法规的强制性规定的：当事人不具备订立劳动合同的资格；劳动合同内容直接违反法律法规的规定；劳动合同因为损害国家利益和社会公共利益而无效。

2.劳动合同无效的处理

（1）劳动合同部分无效，不影响其他部分效力的，其他部分仍然有效。

（2）劳动合同被确认无效，劳动者已付出劳动的，用人单位应当向劳动者支付劳动报酬。劳动报酬的数额，参照本单位相同或相近岗位劳动者的劳动报酬确定。

（3）由于用人单位原因订立的无效劳动合同，对劳动者造成损失的，应承担赔偿责任。

二、劳动合同的履行和变更

（一）劳动合同的履行

劳动合同的履行是指劳动合同双方当事人按照劳动合同的约定，实现各自权利和义务的活动。劳动合同的履行，应当遵循实际履行、亲自履行、全面履行和协作履行的原则。

（二）劳动合同的变更

劳动合同的变更是指劳动合同当事人对依法成立的劳动合同的条款所做的修改和增减。劳动合同的变更必须经劳动者和用人单位协商一致后方可变更，并应当采取书面形式。变更后的劳动合同文本由用人单位和劳动者各执一份。

三、劳动合同的解除和终止

（一）劳动合同的解除

劳动合同的解除，是指劳动合同订立后，尚未全部履行以前，由于某种原因导致劳动合同一方或双方当事人提前中断劳动关系的法律行为。劳动合同的解除包括协商解除和法定解除。

协商解除：在劳动合同履行过程中，当事人经协商一致同意解除合同。

法定解除：在劳动合同履行过程中出现法定解除合同的情形，当事人有权解除合同。

1.劳动者依法解除合同的情形

（1）提前通知解除　劳动者提前30日以书面形式通知用人单位，可以解除劳动合同。劳动者在试用期内提前3日通知用人单位，可以解除劳动合同。劳动者的这项权利，通常被称为"辞职权"。

（2）随时通知解除　用人单位未按照劳动合同约定提供劳动保护或者劳动条件的；未

及时足额支付劳动报酬的；未依法为劳动者缴纳社会保险费的；用人单位的规章制度违反法律法规的规定，损害劳动者合法权益的；无效或部分无效劳动合同；法律、行政法规规定劳动者可以解除劳动合同的其他情形。

（3）无须通知立即解除　用人单位以暴力、威胁或者非法限制人身自由的手段强迫劳动者劳动的，或者用人单位违章指挥、强令冒险作业危及劳动者人身安全的。

2.用人单位解除劳动合同的情形

（1）随时解除　在试用期间被证明不符合录用条件的；严重违反用人单位的规章制度的；严重失职，营私舞弊，给用人单位造成重大损害的；劳动者同时与其他用人单位建立劳动关系，对完成本单位的工作任务造成严重影响，或者经用人单位提出，拒不改正的；以欺诈、胁迫的手段或者乘人之危，使用人单位在违背真实意思的情况下订立或者变更劳动合同的；被依法追究刑事责任的。

（2）预告通知解除　有下列情形之一的，用人单位提前30日以书面形式通知劳动者本人或者额外支付劳动者1个月工资后，可以解除劳动合同：劳动者患病或者非因工负伤，在规定的医疗期满后不能从事原工作，也不能从事由用人单位另行安排的工作的；劳动者不能胜任工作，经过培训或者调整工作岗位，仍不能胜任工作的；劳动合同订立时所依据的客观情况发生重大变化，致使劳动合同无法履行，经用人单位与劳动者协商，未能就变更劳动合同内容达成协议的。

（3）企业经济性裁员　经济性裁员也称非过失性裁员，属于用人单位解除劳动合同的一种情形，是指用人单位由于经济性原因一次性辞退部分劳动者的行为。

3.用人单位不得解除劳动合同的情形　从事接触职业病危害作业的劳动者未进行离岗前职业健康检查，或者疑似职业病患者在诊断或者医学观察期间的；在本单位患职业病或者因工负伤并被确认丧失或者部分丧失劳动能力的；患病或者非因工负伤，在规定的医疗期内的；女职工在孕期、产期、哺乳期的；在本单位连续工作满15年，且距法定退休年龄不足5年的；法律、行政法规规定的其他情形。

（二）劳动合同的终止

劳动合同终止，是指劳动合同期限届满或者有其他符合法律规定的情形出现导致劳动合同关系终结。劳动合同的终止的情形：劳动合同期满的；劳动者开始依法享受基本养老保险待遇的；劳动者死亡，或者被人民法院宣告死亡或者宣告失踪的；用人单位被依法宣告破产的；用人单位被吊销营业执照、责令关闭、撤销或者用人单位决定提前解散的；法律、行政法规规定的其他情形。

（三）经济补偿

经济补偿是用人单位解除或终止劳动合同时，给予劳动者的一次性经济补助。经济补偿按劳动者在本单位工作的年限，每满1年支付1个月工资的经济补偿。6个月以上不满1年的，按1年计算；不满6个月的，支付半个月工资的经济补偿。经济补偿的月工资按照劳动者应得工资计算，包括计时工资或者计件工资以及奖金、津贴和补贴等货币性收入。

第五节　工　资

一、工资概述

（一）工资的概念

工资是指用人单位依据国家有关规定或劳动合同的约定，以货币形式支付给员工的劳动报酬。工资具备如下基本特征。

（1）必须是基于一定的劳动法律关系所取得的劳动报酬。

（2）工资的分配，受国家法律规定和劳动行政管理部门管理。

（3）必须以货币形式支付。

（4）必须定期支付。

（5）支付工资是用人单位的法定义务，劳动者取得工资则必须履行劳动合同规定的义务。

（二）工资的构成

根据《关于工资总额组成的规定》，工资总额由下列6个部分组成：计时工资、计件工资、奖金、津贴和补贴、加班加点工资、特殊情况下支付的工资。

1.计时工资　是指按计时工资标准（包括地区生活费补贴）和工作时间支付给个人的劳动报酬。包括对已做工作按计时工资标准支付的工资；实行结构工资制的单位支付给职工的基础工资和职务（岗位）工资；新参加工作职工的见习工资（学徒的生活费）；运动员体育津贴。

2.计件工资　是指对已做工作按计件单价支付的劳动报酬。包括实行超额累进计件、直接无限计件、限额计件、超定额计件等工资制，按劳动部门或主管都门批准的定额和计件单价支付给个人的工资；按工作任务包干方法支付给个人的工资；按营业额提成或利润提成办法支付给个人的工资。

3.奖金　是指支付给职工的超额劳动报酬和增收节支的劳动报酬。包括生产奖；节约奖；劳动竞赛奖；机关、事业单位的奖励工资；其他奖金。

4.津贴和补贴 是指为了补偿职工特殊或额外的劳动消耗和因其他特殊原因支付给职工的津贴，以及为了保证职工工资水平不受物价影响支付给职工的物价补贴。

（1）津贴 包括补偿职工特殊或额外劳动消耗的津贴、保健性津贴、技术性津贴及其他津贴。

（2）物价补贴 包括为保证职工工资水平不受物价上涨或变动影响而支付的各种补贴。

5.加班加点工资 是指用人单位按规定支付的高于正常工作时间工作的工资报酬。根据《劳动法》的规定，劳动者加班加点工作的，用人单位应当按下列标准支付高于劳动者正常工作时间工资的工资报酬：①安排劳动者延长时间的，支付不低于工资的150%的工资报酬；②休息日安排劳动者工作又不能安排补休的，支付不低于工资的200%的工资报酬；③法定休假日安排劳动者工作的，支付不低于工资的300%的工资报酬。

6.特殊情况下支付的工资 包括根据国家法律、法规和政策规定，因病、工伤、产假、计划生育假、婚丧假、事假、探亲假、定期休假、停工学习、执行国家或社会义务等原因按计时工资标准或计时工资标准的一定比例支付的工资；附加工资、保留工资。

（三）不属于工资范围的劳动收入

《关于贯彻执行〈中华人民共和国劳动法〉若干问题的意见》中规定：劳动者的以下劳动收入不属于工资范围：①单位支付给劳动者个人的社会保险福利费用，如丧葬抚恤救济费、生活困难补助费、计划生育补贴等；②劳动保护方面的费用，如用人单位支付给劳动者的工作服、解毒剂、清凉饮料费用等；③按规定未列入工资总额的各种劳动报酬及其他劳动收入，如根据国家规定发放的创造发明奖、国家星火奖、自然科学奖、科学技术进步奖、合理化建议和技术改进奖、中华技能大奖等，以及稿费、讲课费、翻译费等。

二、工资支付保障

工资支付保障就是对劳动者获得全部应得工资及其所得工资支配权的保障。

（一）工资支付的一般原则

根据劳动法和工资支付暂行规定，用人单位支付工资必须按照以下方式执行。

1.货币支付原则 工资应当以法定货币支付。不得以实物及有价证券替代货币支付。

2.直接支付原则 用人单位应将工资支付给劳动者本人。劳动者本人因故不能领取工资时，可由其亲属或委托他人代领。用人单位可委托银行代发工资。用人单位必须书面记录支付劳动者工资的数额、时间、领取者的姓名以及签字，并保存2年以上备查。

3.足额支付原则 法定和约定应当支付给劳动者的工资项目和工资数额，必须全部支付，不得克扣。用人单位在支付工资时应向劳动者提供一份其个人的工资清单。

工资不得无故拖欠和克扣。

（1）无故拖欠　不包括因不可抗力的原因造成无法按时支付工资；因单位生产经营困难、资金周转受到影响，征得工会同意后，暂时延付。

（2）克扣　不包括法律、法规明确规定的；依法签订的劳动合同中约定的；依法制定的厂规、厂纪明确规定的；经济效益下滑，工资下浮，但不得低于当地最低工资标准；劳动者请事假等相应减发的工资。

4.定期支付原则　用人单位必须按照规定或约定日期及时支付工资给劳动者，如遇节假日或休息日，则应提前在最近的工作日支付。工资至少每月支付一次，实行周、日、小时工资制的可按周、日、小时支付工资。

5.定地支付原则　用人单位除特别约定或依报酬性质、习惯等其他情形另行确定外，必须以营业场所为工资支付地。

6.有限支付原则　企业破产或依法清算时，职工应得工资必须作为优先受偿的债权。

7.紧急支付原则　在职工因遇有紧急情况下以至于不能维持生活时，用人单位必须向该职工预支可得工资的相当部分。

（二）特殊情况下的工资支付

（1）劳动者在法定工作时间内依法参加社会活动期间，用人单位应视同其提供了正常劳动而支付工资。社会活动包括：依法行使选举权或被选举权；当选代表出席乡（镇）、区以上政府、党派、工会、青年团、妇女联合会等组织召开的会议；出任人民法庭证明人；出席劳动模范、先进工作者大会；《工会法》规定的不脱产工会基层委员会委员因工作活动占用的生产或工作时间；其他依法参加的社会活动。

（2）劳动者依法享受年休假、探亲假、婚假、丧假期间，用人单位应按劳动合同规定的标准支付劳动者工资。

（3）非因劳动者原因造成单位停工、停产在一个工资支付周期内的，用人单位应按劳动合同规定的标准支付劳动者工资。超过一个工资支付周期的，若劳动者提供了正常劳动，则支付给劳动者的劳动报酬不得低于当地的最低工资标准；若劳动者没有提供正常劳动，应按国家有关规定办理。

（4）职工在调动工作期间、脱产学习期间、被错误羁押期间、错判服刑期间，用人单位应当按照国家规定或劳动合同规定的标准支付工资。

（5）职工被公派在国（境）外工作、学习期间，其国内工资按照国家规定的标准支付。

（6）职工加班加点，应当依法定标准支付加班加点工资。

（三）禁止克扣和无故拖欠劳动者工资

1.克扣工资　是指用人单位违反可以代扣工资的规定，对提供了正常劳动，履行了劳动合同规定的义务和责任，保质保量完成生产任务的劳动者，不支付或未足额支付其全部劳动报酬的违法行为。

2.无故拖欠　是指用人单位无正当理由超过规定付薪时间未支付劳动者工资。不包括：①用人单位遇到非人力所能抗拒的自然灾害、战争等原因，无法按时支付工资；②用人单位确因生产经营困难、奖金周转受到影响，在征得本单位工会同意后，可暂时延期支付劳动者工资，延期时间的最长限制可由各省、自治区、直辖市劳动行政部门根据各地情况确定。其他情况下拖欠工资均属无故拖欠。

（四）工资保障的监督和法律责任

（1）监督主体包括劳动行政部门、工会组织、人民银行。

（2）用人单位有侵害劳动者合法权益行为之一的，如克扣或无故拖欠工资、拒不支付劳动者延长工作时间工资报酬的、低于当地最低工资标准支付劳动者工资的、解除劳动合同后未依法给予劳动者经济补偿的，应责令支付劳动者工资报酬、经济补偿，责令按相当于支付劳动者工资报酬、经济补偿总和的50%以上100%以下加付劳动者赔偿金。

（3）劳动者与用人单位因工资支付发生争议，先由劳动仲裁机关仲裁，不服裁决，可以提起诉讼。

第六节　劳动争议处理制度

一、劳动争议的概念和分类

（一）劳动争议的概念

劳动争议，也称"劳动纠纷""劳资争议"，指劳动关系双方当事人因实现劳动权利和履行劳动义务所发生的纠纷。也包括用人单位与劳动者的组织即工会因集体劳动权利、集体劳动义务发生的争议。

（二）劳动争议的分类

1.国内劳动争议和涉外劳动争议　按劳动争议是否有涉外因素划分，劳动争议可分为国内劳动争议和涉外劳动争议。

2.个人劳动争议、集体劳动争议和团体劳动争议　根据劳动争议职工一方当事人人数的多少或者是否为工会来划分，劳动争议可分为个人劳动争议、集体劳动争议和团体劳动争议。

（1）个人劳动争议　也叫个别劳动争议，是指单个劳动者（人数限于1~9人）与用人单位之间的劳动争议。

（2）集体劳动争议　劳动者一方当事人人数在10人以上且有共同理由的劳动争议。集体劳动争议的劳动者一方当事人可以推举代表参加调解、仲裁或者诉讼活动。

（3）集体合同争议　也叫团体争议，是指工会与用人单位或其团体之间因集体合同的订立、履行、变更或者解除终止发生的争议。团体争议由工会主席为法定代表人参加争议的处理。

3.权利争议和利益争议　按照劳动争议的性质可划分为权利争议、利益争议。

（1）权利争议　是指对现行法律、法规、集体合同、劳动合同所规定的权利，在实施或解释上所产生的争议。

（2）利益争议　是指在集体协商时双方为订立、续订或变更集体合同条款而产生的争议。一般指因主张待定权利义务产生的争议。

二、劳动争议仲裁法

近年来，随着市场经济体制的建立和发展，我国劳动关系发生了深刻的变化，劳动关系日趋多样化和复杂化，劳动争议数量也随之大幅度上升，同时出现了劳动争议类型、主题诉求增多，群体性劳动争议增多等一些新特点。因此，劳动争议处理制度的建立和完善，是有效、及时妥善处理劳动争议的重要环节。我国于2007年12月29日十届人大常委会第三十一次会议审议通过了《劳动争议调解仲裁法》，于2008年5月1日正式实施。这部法的颁布和实施，确定了劳动争议处理程序和制度，对于依法、公正、及时处理劳动争议，保护当事人，特别是劳动者的合法权益，促进劳动关系的和谐和稳定起到了重要的作用。

（一）立法宗旨

《劳动争议调解仲裁法》共分4章54条。在其第一章第一条开宗明义地阐述了该法的立法宗旨。即"为了公正及时解决劳动争议，保护当事人合法权益，促进劳动关系和谐稳定，制定本法。"可分为三方面。

1.公正及时地解决劳动争议　公正及时是解决劳动争议的一项基本原则。《劳动争议调解仲裁法》从性质上说是程序法，通过规范劳动争议调解仲裁的具体程序制度，使劳动争议得到公正及时的处理。因此，劳动争议处理机构应当公正执法、依法保障双方当事人的合法权益，对当事人在适用法律上一律平等，不得偏袒或者歧视任何一方；同时，处理时应注意及时处理，防止久拖不决。

2.保护当事人的合法权益　劳动争议的双方当事人为劳动者和用人单位，劳动争议调解仲裁法作为处理劳动争议的专门法、程序法，既保护劳动者的合法权益，也保护用人单位的合法权益。但考虑到劳动争议双方当事人的实际地位不平等，劳动者处于弱势，在"对调解协议申请支付令""一裁终局"等一些具体的程序上予以适当倾斜性的保护。

3.促进劳动关系和谐稳定　《劳动法》《劳动合同法》是从实体法角度，《劳动争议调解仲裁法》则是从程序法角度上维护劳动关系当事人的合法权益，促进劳动关系的和谐稳定。

（二）适用范围

《劳动争议调解仲裁法》第二条明确了对劳动争议案件的适用范围。

（1）因确认劳动关系发生的争议。

（2）因订立、履行、变更、解除和终止劳动合同发生的争议。

（3）因除名、辞退和辞职、离职发生的争议。

（4）因工作时间、休息休假、社会保险、福利、培训以及劳动保护发生的争议。

（5）因劳动报酬、工伤医疗费、经济补偿或者赔偿金等发生的争议。

（6）法律法规规定的其他劳动争议。

（三）处理劳动争议的程序

《劳动争议调解仲裁法》第四条规定："发生劳动争议，劳动者可以与用人单位协商，也可以请工会或者第三方共同与用人单位协商，达成和解协议。"第五条规定："发生劳动争议，当事人不愿协商、协商不成或者达成和解协议以后不履行的，可以向调解组织申请调解；不愿调解、调解不成或者达成调解协议后不履行的，可以向劳动争议仲裁委员会申请仲裁；对仲裁裁决不服的，除本法另有规定的外，可以向人民法院提起诉讼。"据此规定，处理劳动争议的程序是协商、调解、仲裁和诉讼。在这些程序中，协商和调解是争议当事人自愿选择的程序，而仲裁则是解决劳动争议的必经程序，法院的诉讼是最终程序。

1.协商　劳动争议的协商，是指发生争议的劳动者与用人单位通过自行协商，或者劳动者请工会或者其他第三方（可以是本单位的人员，也可以是本单位以外的，双方都信任的人员）共同与用人单位进行协商，使矛盾得以化解，自愿就争议事项达成协议，使劳动争议及时得到解决的一种活动。协商和解成功后，当事人双方应当签订和解协议。协商完全是建立在双方自愿的基础上，任何一方或者第三方都不得强迫另一方当事人进行协商。如果当事人不愿协商、协商不成或者达成和解协议后不履行的，另一方当事人仍然可以向劳动争议调解组织申请调解，或者向劳动争议仲裁机构申请仲裁。

2.调解　发生劳动争议，当事人不愿协商、协商不成或者达成和解协议后不履行的，可以向劳动争议调解组织申请调解。劳动争议调解，是指在劳动争议调解组织的主持下，通过宣传劳动法律、法规、规章，采取说服教育的方法，使劳动争议当事人双方在查明事实，分清是非和民主协商的基础上达成一致协议，消除纷争的一种活动。当事人不愿调解的，可以直接向劳动争议仲裁委员会申请仲裁。如果自劳动争议调解组织收到调解申请之日起15日内未达成调解协议，或者达成调解协议后在协议约定的期限内，一方当事人不履行的，另一方当事人可以向劳动争议仲裁委员会申请仲裁。

3. 仲裁 发生劳动争议，当事人不愿调解、调解不成或者达成调解协议后不履行的，可以向劳动仲裁委员会申请仲裁。劳动争议仲裁，指劳动争议仲裁委员会对用人单位与劳动者之间发生的劳动争议，在查明事实、明确是非、分清责任的基础上，依法作出裁决的活动。对仲裁裁决不服的，除本法另有规定的外，当事人可以向人民法院提起诉讼。

4. 诉讼 劳动争议诉讼，是指劳动争议当事人不服劳动争议仲裁委员会的裁决处理，在法定期限内，依法向人民法院起诉，或者对仲裁委员会不予受理或者逾期未作出决定的，申请人向法院起诉，人民法院按照法定的程序进行审理和判决的活动。《劳动争议调解仲裁法》规定，对劳动争议仲裁委员会不予受理或者逾期未作出决定的，或当事人对劳动争议仲裁委员会的仲裁裁决不服的，除法律另有规定的外，可以自收到仲裁裁决书之日起15日内向人民法院提起诉讼；期满不起诉的，裁决书发生法律效力。《劳动争议调解仲裁法》没有对人民法院审理劳动争议案件的程序进行具体规定。按照现行的体制，诉讼是一项统一的制度，要遵守民事诉讼法的统一规定。人民法院对劳动争议案件的受理、审判和执行都是按照《民事诉讼法》的规定执行。

重点回顾

重点回顾

目标检测

参考答案

思考题

1. 劳动法的调整对象是什么？
2. 劳动者的权利包括哪些？
3. 工会的权利和义务包括哪些？
4. 劳动者解除劳动合同有哪几种情形？
5. 我国劳动争议处理程序是如何规定的？

第四章　服务行业相关法律常识

学习目标

1.掌握对社会保险法、金融法、食品安全法、传染病防治法等法律常识。

2.熟悉社会保险法的相关内容，培育知法懂法的专业服务行业人才。

3.了解法律救济的途径，增强服务行业法律法规素养。

服务行业人才除了拥有扎实的技能，还应该掌握服务行业相关法律常识的基本内容，包括社会保险法常识、金融法常识、食品卫生法常识、传染病防治法常识以及其他法律常识。提高法律常识能够帮助和培育服务行业人员成为全面发展的专业人才。

第一节　社会保险法常识

2010年10月28日由十一届全国人民代表大会常务委员会第十七次会议审议通过、2018年12月29日第十三届全国人民代表大会常务委员会第七次会议修正的《中华人民共和国社会保险法》(以下简称《社会保险法》)，是中华人民共和国成立以来第一部规范社会保险制度的综合性法律，是中国特色社会主义法律体系中起着支架作用的重要法律；也是为了规范社会保险关系，维护公民参加社会保险和享受社会保险待遇的合法权益，使公民共享发展成果，促进社会和谐稳定而根据宪法制定的法律。

《社会保险法》分为总则、基本养老保险、基本医疗保险、工伤保险、失业保险、生育保险、社会保险费征缴、社会保险基金、社会保险经办、社会保险监督、法律责任以及附则。

一、总则

总则规定了社会保险权利主体以劳动者为主而不限于劳动者，已经扩充到全体国民；总则规定了参加社会保险的程序性权利和享受社会保险待遇的实体性权利，以及社会保险方面的知情权利和服务请求权利、救济权利、赔偿权利和监督权利等；总则还要求通过纳入国民经济和社会发展规划、多渠道筹集社会保险资金、经费支持税收优惠等多种手段提供社会保险制度运行的财政保障，通过社会保险基金监督制度的建立和完善保障社会保险基金的安全、有效运行，保障社会保险权利的最终实现。

二、基本养老保险

基本养老保险是由国家通过立法强制实施的，在劳动者因年老丧失劳动能力后给予基本生活保障的社会保险制度，是社会保险制度中最为重要的制度安排之一。

1. **参保范围和缴费主体**　职工应当参加基本养老保险，由用人单位和职工共同缴纳基本养老保险费。无雇工的个体工商户、未在用人单位参加基本养老保险的非全日制从业人员以及其他灵活就业人员可以参加基本养老保险，由个人缴纳基本养老保险费。公务员和参照公务员法管理的工作人员养老保险的办法由国务院规定。

2. **制度模式和筹资方式**　基本养老保险实行社会统筹与个人账户相结合。基本养老保险基金由用人单位和个人缴费以及政府补贴等组成。

3. **缴费基数和比例**　用人单位应当按照国家规定的本单位职工工资总额的比例缴纳基本养老保险费，记入基本养老保险统筹基金。职工应当按照国家规定的本人工资的比例缴纳基本养老保险费，记入个人账户。无雇工的个体工商户、未在用人单位参加基本养老保险的非全日制从业人员以及其他灵活就业人员参加基本养老保险的，应当按照国家规定缴纳基本养老保险费，分别记入基本养老保险统筹基金和个人账户。

4. **财政责任**　国有企业、事业单位职工参加基本养老保险前，视同缴费年限期间应当缴纳的基本养老保险费由政府承担。基本养老保险基金出现支付不足时，政府给予补贴。

5. **个人账户基金管理**　职工基本养老保险个人账户不得提前支取。个人在达到法定的领取基本养老金条件前离境定居的，其个人账户予以保留，达到法定领取条件时，按照国家规定享受相应的养老保险待遇。其中，丧失中华人民共和国国籍的，可以在其离境时或者离境后书面申请终止职工基本养老保险关系。被保险人死亡，个人账户储存额退还给其法定继承人，无法定继承人的，转入社会养老保险统筹基金。

6. **基本养老金的构成及确定因素**　基本养老金由统筹养老金和个人账户养老金组成。基本养老金根据个人累计缴费年限、缴费工资、当地职工平均工资、个人账户金额、城镇人口平均预期寿命等因素确定。

7. **最低缴费年限和制度接转**　参加基本养老保险的个人，达到法定退休年龄时累计缴费满15年的，按月领取基本养老金。参加基本养老保险的个人，达到法定退休年龄时累计缴费不足15年的，可以缴费至满15年，按月领取基本养老金；也可以转入新型农村社会养老保险或者城镇居民社会养老保险，按照国务院规定享受相应的养老保险待遇。

8.**因病或者非因工致残的待遇**　参加基本养老保险的个人因病或者非因工死亡的，其遗属可以领取丧葬补助金和抚恤金；在未达到法定退休年龄时因病或者非因工致残完全丧失劳动能力的，可以领取病残津贴。所需资金从基本养老保险基金中支付。

9.**养老金调整机制**　国家建立基本养老金正常调整机制。根据职工平均工资增长、物价上涨情况，适时提高基本养老保险待遇水平。

10.**转移接续制度**　个人跨统筹地区就业的，其基本养老保险关系随本人转移，缴费年限累计计算。个人达到法定退休年龄时，基本养老金分段计算、统一支付。具体办法由国务院规定。

11.**农村社会养老保险制度**　国家建立和完善新型农村社会养老保险制度。新型农村社会养老保险实行个人缴费、集体补助和政府补贴相结合。

12.**农村社会养老保险待遇**　新型农村社会养老保险待遇由基础养老金和个人账户养老金组成。参加新型农村社会养老保险的农村居民，符合国家规定条件的，按月领取新型农村社会养老保险待遇。

13.**城镇居民社会养老保险**　国家建立和完善城镇居民社会养老保险制度。省、自治区、直辖市人民政府根据实际情况，可以将城镇居民社会养老保险和新型农村社会养老保险合并实施。

三、基本医疗保险

医疗保险是指以保险合同约定的医疗行为的发生为给付保险金条件，为被保险人接受诊疗期间的医疗费用支出提供保障的保险。规定了基本医疗保险的相关问题，共10条，主要涉及职工基本医疗保险的覆盖范围、保费缴纳、新型农村合作医疗、城镇居民基本医疗保险、医疗保险待遇、医疗费用的结算支付、医疗服务协议、基本医疗保险关系转移接续办法等问题。其中，对异地就医费用结算的规定，体现了立法者对社会公众诉求强烈的问题的积极回应。

1.**参保范围和缴费主体**　职工应当参加职工基本医疗保险，由用人单位和职工按照国家规定共同缴纳基本医疗保险费。无雇工的个体工商户、未在用人单位参加职工基本医疗保险的非全日制从业人员以及其他灵活就业人员可以参加职工基本医疗保险，由个人按照国家规定缴纳基本医疗保险费。

2.**新型农村合作医疗**　国家建立和完善新型农村合作医疗制度。新型农村合作医疗的管理办法，由国务院规定。

3.**城镇居民基本医疗保险**　国家建立和完善城镇居民基本医疗保险制度。

4.待遇标准 职工基本医疗保险、新型农村合作医疗和城镇居民基本医疗保险的待遇标准按照国家规定执行。

5.退休后医疗保险待遇 参加职工基本医疗保险的个人，达到法定退休年龄时累计缴费达到国家规定年限的，退休后不再缴纳基本医疗保险费，按照国家规定享受基本医疗保险待遇；未达到国家规定年限的，可以缴费至国家规定年限。

6.支付范围 符合基本医疗保险药品目录、诊疗项目、医疗服务设施标准以及急诊、抢救的医疗费用，按照国家规定从基本医疗保险基金中支付。

7.医疗费用的直接结算 参保人员医疗费用中应当由基本医疗保险基金支付的部分，由社会保险经办机构与医疗机构、药品经营单位直接结算。社会保险行政部门和卫生行政部门应当建立异地就医医疗费用结算制度，方便参保人员能够享受基本医疗保险待遇。

8.不纳入支付范围的情形 下列医疗费用不纳入基本医疗保险基金支付范围。

（1）应当从工伤保险基金中支付的。

（2）应当由第三人负担的。

（3）应当由公共卫生负担的。

（4）在境外就医的。

医疗费用依法应当由第三人负担，第三人不支付或者无法确定第三人的，由基本医疗保险基金先行支付。基本医疗保险基金先行支付后，有权向第三人追偿。

9.服务协议 社会保险经办机构根据管理服务的需要，可以与医疗机构、药品经营单位签订服务协议，规范医疗服务行为。医疗机构应当为参保人员提供合理、必要的医疗服务。

10.转移接续 个人跨统筹地区就业的，其基本医疗保险关系随本人转移，缴费年限累计计算。

本条强调"缴费年限累计计算"，是为了与《社会保险法》第二十七条规定的个人"达到法定退休年龄时累计缴费达到国家规定年限的，退休后不再缴纳基本医疗保险费，按照国家规定享受基本医疗保险待遇"相衔接，确保退休人员不因跨统筹地区工作而影响其退休后的基本医疗保险待遇。

四、工伤保险

工伤保险是指劳动者在工作中或在规定的某些特殊情况下，因遭受意外伤害或罹患职业病，暂时或永久地丧失劳动能力以及死亡时，劳动者或其遗属从国家和社会获得物质帮助的一种社会保险制度。

工伤保险的内容主要涉及了工伤保险的参保范围、保费缴纳工伤保险待遇、不认定为工伤的情形、未参保单位职工发生工伤时的待遇、民事权责任和工伤保险责任竞合等问题。其中,"工伤职工可获先行支付未缴费单位不能免责"对保障工伤劳动者的意义重大。

1.参保范围和缴费主体 职工应当参加工伤保险,由用人单位缴纳工伤保险费,职工不缴纳工伤保险费。

2.费率确定 国家根据不同行业的工伤风险程度确定行业的差别费率,并根据使用工伤保险基金、工伤发生率等情况在每个行业内确定费率档次。行业差别费率和行业内费率档次由国务院社会保险行政部门制定,报国务院批准后公布施行。

3.缴纳数额 用人单位应当按照本单位职工工资总额,根据社会保险经办机构确定的费率缴纳工伤保险费。

4.享受待遇的条件 职工因工作原因受到事故伤害或者患职业病,且经工伤认定的,享受工伤保险待遇;其中,经劳动能力鉴定丧失劳动能力的,享受伤残待遇。工伤认定和劳动能力鉴定应当简捷、方便。

5.不能认定为工伤的情形 职工因下列情形之一导致本人在工作中伤亡的,不能认定为工伤。

(1)故意犯罪。

(2)醉酒或吸毒。

(3)自残或者自杀。

(4)法律、行政法规规定的其他情形。

6.工伤保险基金支付的待遇 因工伤发生的下列费用,按照国家规定从工伤保险基金中支付。

(1)治疗工伤的医疗费用和康复费用。

(2)住院伙食补助费。

(3)到统筹地区以外就医的交通食宿费。

(4)安装配置伤残辅助器具所需费用。

(5)生活不能自理的,经劳动能力鉴定委员会确认的生活护理费。

(6)一次性伤残补助金和一至四级伤残职工按月领取的伤残津贴。

(7)终止或者解除劳动合同时,应当享受的一次性医疗补助金。

(8)因工死亡的,其遗属领取的丧葬补助金、供养亲属抚恤金和因工死亡补助金。

(9)劳动能力鉴定费。

7.用人单位支付的待遇 因工伤发生的下列费用,按照国家规定由用人单位支付。

(1)治疗工伤期间的工资福利。

(2)五级、六级伤残职工按月领取的伤残津贴。

（3）终止或者解除劳动合同时，应当享受的一次性伤残就业补助金。

8.与职工基本养老保险的衔接　工伤职工符合领取基本养老金条件的，停发伤残津贴，享受基本养老保险待遇。基本养老保险待遇低于伤残津贴的，从工伤保险基金中补足差额。

9.未缴费单位的工伤处理　职工所在用人单位未依法缴纳工伤保险费，发生工伤事故的，由用人单位支付工伤保险待遇。用人单位不支付的，从工伤保险基金中先行支付。

从工伤保险基金中先行支付的工伤保险待遇应当由用人单位偿还。用人单位不偿还的，社会保险经办机构可以依照本法第六十三条的规定追偿。

10.第三人造成工伤的处理　由于第三人的原因造成工伤第三人不支付工伤医疗费用或者无法确定第三人的，由工伤保险基金先行支付。工伤保险基金先行支付后，有权向第三人追偿。

11.停止享受待遇的情形　工伤职工有下列情形之一的，停止享受工伤保险待遇。

（1）丧失享受待遇条件的。

（2）拒不接受劳动能力鉴定的。

（3）拒绝治疗的。

五、失业保险

失业保险是国家通过立法强制实行，主要由用人单位及其职工缴费建立失业保险基金，对因中断就业而暂时失去生活来源的劳动者提供一定时期的基本生活保障和再就业相关服务的一项社会保险制度。失业保险有关事项主要涉及失业保险的参保范围、保费缴纳、领取失业保险金的条件和期限、失业保险金标准、失业期间的医疗保险、失业保险关系的转移接续等问题。

1.参保范围和缴费主体　职工应当参加失业保险，由用人单位和职工按照国家规定共同缴纳失业保险费。

2.领取待遇的条件　失业人员符合下列条件的，从失业保险基金中领取失业保险金。

（1）失业前用人单位和本人已经缴纳失业保险费满1年的。

（2）非因本人意愿中断就业的。

（3）已经进行失业登记，并有求职要求的。

3.领取待遇的期限　失业人员失业前用人单位和本人累计缴费满1年不足5年的，领取失业保险金的期限最长为12个月；累计缴费满5年不足10年的，领取失业保险金的期限最长为18个月；累计缴费10年以上的，领取失业保险金的期限最长为24个月。重新就业后，再次失业的，缴费时间重新计算，领取失业保险金的期限与前次失业应当领取而尚未领取的失业保险金的期限合并计算，最长不超过24个月。

4.失业保险金标准 由省、自治区、直辖市人民政府确定，不得低于城市居民最低生活保障标准。

5.失业期间的医疗保险 失业人员在领取失业保险金期间，参加职工基本医疗保险，享受基本医疗保险待遇。

失业人员应当缴纳的基本医疗保险费从失业保险基金中支付，个人不缴纳基本医疗保险费。

6.失业期间的丧葬补助金和抚恤金 失业人员在领取失业保险金期间死亡的，参照当地对在职职工死亡的规定，向其遗属发给一次性丧葬补助金和抚恤金。所需资金从失业保险基金中支付。

个人死亡同时符合领取基本养老保险丧葬补助金、工伤保险丧葬补助金和失业保险丧葬补助金条件的，其遗属只能选择领取其中的一项。

7.待遇领取程序 用人单位应当及时为失业人员出具终止或者解除劳动关系的证明，并将失业人员的名单自终止或者解除劳动关系之日起15日内告知社会保险经办机构。

失业人员应当持本单位为其出具的终止或者解除劳动关系的证明，及时到指定的公共就业服务机构办理失业登记。

失业人员凭失业登记证明和个人身份证明，到社会保险经办机构办理领取失业保险金的手续。失业保险金领取期限自办理失业登记之日起计算。

8.停止领取待遇的情形 失业人员在领取失业保险金期间有下列情形之一的，停止领取失业保险金，并同时停止享受其他失业保险待遇。

（1）重新就业的。

（2）应征服兵役的。

（3）移居境外的。

（4）享受基本养老保险待遇的。

（5）无正当理由，拒不接受当地人民政府指定部门或者机构介绍的适当工作或者提供的培训的。

9.转移接续 职工跨统筹地区就业的，其失业保险关系随本人转移，缴费年限累计计算。

六、生育保险

生育保险是国家通过强制方式筹集生育保险基金，在妇女因生育而暂时中断劳动时，而向其提供物质帮助和医疗保障服务的一项社会保险制度。主要规定生育保险，主要涉及参保范围和缴费、生育保险待遇、生育医疗费用、享受生育津贴的情形等问题。

1.参保范围和缴费主体 职工应当参加生育保险，由用人单位按照国家规定缴纳生育保险费，职工不缴纳生育保险费。

2.生育保险待遇　用人单位已经缴纳生育保险费的，其职工享受生育保险待遇；职工未就业配偶按照国家规定享受生育医疗费用待遇。所需资金从生育保险基金中支付。生育保险待遇包括生育医疗费用和生育津贴。

3.生育医疗费用　包括下列各项。

（1）生育的医疗费用。

（2）计划生育的医疗费用。

（3）法律、法规规定的其他项目费用。

4.享受生育津贴的情形　职工有下列情形之一的，可以按照国家规定享受生育津贴。

（1）女职工生育享受产假。

（2）享受计划生育手术休假。

（3）法律、法规规定的其他情形。

《社会保险法》是中国特色社会主义法律体系中起支架作用的重要法律，是一部着力保障和改善民生的法律。它的颁布与实施，是中国人力资源社会保障法制建设中的又一个里程碑，对于建立覆盖城乡居民的社会保障体系，更好地维护公民参加社会保险和享受社会保险待遇的合法权益，使公民共享发展成果，促进社会主义和谐社会建设，都具有十分重要的意义。

🔁 岗位情境模拟

情景描述： 吴先生系某药材公司销售部门的工作人员。2023年3月某天，吴先生在家做家务时突发心脏病导致休克，他被妻儿紧急送进了离家最近的一家医院，住院治疗7天后出院，期间总共花去医疗费2万元。在住院治疗交费时，吴先生的妻子认为相当比例的医疗费用应当由该医院和当地社会保险经办机构之间进行结算，而自己只需要为丈夫缴纳少量的费用。但是，医院却以吴先生看病住院并非在定点医院无法和社会保险经办机构进行结算为由，拒绝了吴先生妻子的要求，并强调如果不交费则不治病救人。无奈之下，吴先生的妻子交了2万元医疗费用。出院后，吴先生持医疗费发票病例复印件等要求社会保险经办机构支付，但经办机构以其是在非定点医疗机构看病住院为由拒绝。双方于是发生争议。

请问： 基本医疗保险是否应支付一定比例的医疗费？

参考答案： 在本案中，吴先生在家做家务时不幸因突发心脏病导致休克，就近治疗是符合情理的事情，因所患疾病的特殊性，基本医疗保险基金按规定应为其支付一定比例的医疗费。

第二节 金融法常识

金融是市场经济的核心，社会经济的健康有序发展有赖于良好的金融秩序和高效的金融市场、金融服务。

金融法是调整金融关系的法律规范的总称。具体而言，金融法就是国家立法中确立金融机构的设立、组织、性质、地位和职能的法律规范，国家金融主管机关在组织、管理金融事业和调控、监管金融市场过程中所形成的金融调控与监管关系的法律规范，以及调整银行及其他金融机构从事金融业务活动时发生的经济交易关系的法律规范的总称。金融法是一个集合概念，包括金融法、银行法、票据法、保险法、证券法、证券投资基金法、期货交易法、信托法、融资租赁法、涉外金融法律等。

一、银行法

银行法，是指调整货币银行关系的法律规范的总称。银行法律规范或较集中规定在国家制定的法律文件如《中华人民共和国银行业监督管理法》《中华人民共和国中国人民银行法》《中华人民共和国商业银行法》等之中，或散见于一系列规范性文件如《贷款通则》等之中。一般认为，凡以银行为参考主体并与融资有关的活动，都属银行法调整的范围。1984年起，中国形成了中央银行、专业银行的二元银行体制。人民银行履行对银行业、证券业、保险业、信托业的综合监管。2003年第十届全国人民代表大会第一次会议决定，成立银监会，建立了银监会、证监会和保监会分工明确、互相协调的金融分工监管体制。中国银行业监督管理委员会自2003年4月28日起正式履行职责。《中华人民共和国银行业监督管理法》自2004年2月1日施行，2006年十届全国人民代表大会常务委员会第二十四次会议修正，赋予了银行业监管机构相关调查权。2003年修正后的《中华人民共和国中国人民银行法》重新明确了监管职能分离后中央银行的职责。2003年修正后的《中华人民共和国商业银行法》明确规定了由银监会履行对商业银行的监管职责，并保留了人民银行的部分监管职责。

二、证券法

证券法对规范证券市场中各方当事人的行为，促进我国资本市场的健康发展，推动社会主义市场经济体制的建立，发挥了重要的作用。我国《中华人民共和国证券法》于1998年12月29日由第九届全国人民代表大会常务委员会第六次会议通过，2005年10月27日第十届全国人民代表大会常务委员会第十八次会议第一次修订，2019年12月28日第十三届全国人民代表大会常务委员会第十五次会议第二次修订。

证券法对于完善上市公司监管制度，保护中小投资者的权益、健全证券发行和权证交易制度等具有重要意义。证券业和银行业、信托业、保险业分业经营、分业管理。证券公司与银行、信托、保险业务机构分别设立，这是证券法确定的重要基本原则。

三、期货和衍生品法

为了规范期货交易和衍生品交易行为，保障各方合法权益，维护市场秩序和社会公共利益，促进期货市场和衍生品市场服务国民经济，防范化解金融风险，维护国家经济安全，制定《中华人民共和国期货和衍生品法》。期货交易应当在依法设立的期货交易所或者国务院期货监督管理机构依法批准组织开展期货交易的其他期货交易场所，采用公开的集中交易方式或者国务院期货监督管理机构批准的其他方式进行。禁止在期货交易场所之外进行期货交易。衍生品交易，可以采用协议交易或者国务院规定的其他交易方式进行。

期货市场和衍生品市场应当建立和完善风险的监测监控与化解处置制度机制，依法限制过度投机行为，防范市场系统性风险。期货交易和衍生品交易活动，应当遵守法律、行政法规和国家有关规定，遵循公开、公平、公正的原则，禁止欺诈、操纵市场和内幕交易的行为。参与期货交易和衍生品交易活动的各方具有平等的法律地位，应当遵守自愿、有偿、诚实信用的原则。

四、保险法

保险法，是以保险关系为调整对象的法律规范的总称，也就是以保险组织、保险对象以及保险当事人的权利义务为调整对象的法律规范。其中保险关系是指参与保险活动的主体之间形成的权利义务关系，包括当事人之间依保险合同发生的权利义务关系和国家对保险业进行监督管理过程中所发生的各种关系。保险法通常有广义和狭义之分：广义的保险法既包括保险公法，也包括保险私法；狭义的保险法则仅指保险私法。所谓保险公法，就是有关保险的公法性质的法律，即调整社会公共保险关系的行为规范，主要指保险业法和社会保险法；所谓保险私法，就是调整自然人、法人或其他组织之间保险关系的法律，主要指保险合同法和保险特别法（如《中华人民共和国海商法》中有关海上保险的法律规范）。1995年6月30日，全国人民代表大会常务委员会通过《中华人民共和国保险法》，该法于2002年10月28日进行了部分修正，2009年2月28日进行了修订，2014年8月31日及2015年4月24日进行了两次修正，这是中华人民共和国成立以来第一部保险基本法，它标志着以《中华人民共和国保险法》为主体、相关法规配套的中国保险法律法规体系的初步形成。另外，随着中国保险监督管理委员会于1998年11月18日宣告成立，我国保险法规体系在组织结构上也逐步走向完善。

五、票据法

票据法，是调整票据当事人之间的票据授受关系和货币支付关系的法律规范的总称。票据法以规范票据行为为宗旨，以保护持票人的票据权利为根本任务，其最主要的原则就是票据行为无因性原则。《中华人民共和国票据法》于1995年5月10日由中华人民共和国主席令第49号公布，自1996年1月1日起施行。2004年8月28日《中华人民共和国票据法》修订删去第七十五条"本票出票人的资格由中国人民银行审定，具体管理办法由中国人民银行规定"，目前共7章110条。《票据管理实施办法》《最高人民法院关于审理票据纠纷案件若干问题的规定》等的公布和实行，为更好地贯彻实施票据法提供了保障。

六、信托法

信托起源于英国，是建立在信任的基础上，财产所有者出于增益或其他特定目的，委托他人管理或处分财产的一种制度。这种制度因在财产管理、资金融通、投资理财和社会公益等方面具有突出的功能，已为当代世界上不少国家所采用，并成为现代金融业的重要支柱之一。《中华人民共和国信托法》是调整信托当事人之间权利义务关系的重要法律，也是国家对信托业和信托市场实施监督管理的重要依据。

第三节　食品安全法常识

我国食品安全的法制化管理始于20世纪50年代，当时卫生部发布了一些单项规章和标准对食品卫生进行监督管理，此后国务院于1965年颁布了《食品卫生管理试行条例》，使我国的食品卫生管理工作更加规范。随着经济社会的发展，第五届全国人民代表大会常务委员会第二十五次会议于1982年11月通过了《食品卫生法》（试行）。在这部法律试行了十多年后，第八届全国人民代表大会常务委员会第十六次会议于1995年10月审议通过了正式的《中华人民共和国食品卫生法》。2009年，又在此基础上，制定了《中华人民共和国食品安全法》（以下简称《食品安全法》）。2021年4月29日第十三届全国人民代表大会常务委员会第二十八次会议通过《关于修改〈中华人民共和国道路交通安全法〉等八部法律的决定》。《食品安全法》是为了保证食品安全，保障公众身体健康和生命安全而制定的法律。分为总则、食品安全风险监测和评估、食品安全标准、食品生产经营、食品检验、食品进出口、食品安全事故处置、监督管理、法律责任、附则，共10章154条。

一、依法从事食品相关活动

在中国境内从事下列活动，应当遵守《食品安全法》。

（1）食品生产和加工（以下称食品生产），食品销售和餐饮服务（以下称食品经营）。

（2）食品添加剂的生产经营。

（3）用于食品的包装材料、容器、洗涤剂、消毒剂和用于食品生产经营的工具、设备（以下称食品相关产品）的生产经营。

（4）食品生产经营者使用食品添加剂、食品相关产品。

（5）食品的贮存和运输。

（6）对食品、食品添加剂、食品相关产品的安全管理。

供食用的源于农业的初级产品（以下称食用农产品）的质量安全管理，遵守《中华人民共和国农产品质量安全法》的规定，但是，食用农产品的市场销售、有关质量安全标准的制定、有关安全信息的公布和《食品安全法》对农业投入品作出规定的，应当遵守《食品安全法》的规定。

二、各部门权责关系

国务院设立食品安全委员会，其职责由国务院规定。国务院食品安全监督管理部门依照《食品安全法》和国务院规定的职责，对食品生产经营活动实施监督管理。国务院卫生行政部门依照《食品安全法》和国务院规定的职责，组织开展食品安全风险监测和风险评估，会同国务院食品安全监督管理部门制定并公布食品安全国家标准。国务院其他有关部门依照《食品安全法》和国务院规定的职责，承担有关食品安全工作。

县级以上地方人民政府对本行政区域的食品安全监督管理工作负责，统一领导、组织、协调本行政区域的食品安全。县级以上地方人民政府依照《食品安全法》和国务院的规定，确定本级食品安全监督管理、卫生行政部门和其他有关部门的职责。有关部门在各自职责范围内负责本行政区域的食品安全监督管理工作。县级人民政府食品安全监督管理部门可以在乡镇或者特定区域设立派出机构。县级以上地方人民政府实行食品安全监督管理责任制。上级人民政府负责对下一级人民政府的食品安全监督管理工作进行评议、考核。县级以上地方人民政府负责对本级食品安全监督管理部门和其他有关部门的食品安全监督管理工作进行评议、考核。

县级以上人民政府应当将食品安全工作纳入本级国民经济和社会发展规划，将食品安全工作经费列入本级政府财政预算，加强食品安全监督管理能力建设，为食品安全工作提供保障。县级以上人民政府食品安全监督管理部门和其他有关部门应当加强沟通、密切配合，按照各自职责分工，依法行使职权，承担责任。

三、对食品风险进行评估

国家建立食品安全风险评估制度，运用科学方法，根据食品安全风险监测信息、科学数据以及有关信息，对食品、食品添加剂、食品相关产品中生物性、化学性和物理性危害因素进行风险评估。

国务院卫生行政部门负责组织食品安全风险评估工作，成立由医学、农业、食品、营养、生物、环境等方面的专家组成的食品安全风险评估专家委员会进行食品安全风险评估。食品安全风险评估结果由国务院卫生行政部门公布。

对农药、肥料、兽药、饲料和饲料添加剂等的安全性评估应当有食品安全风险评估专家委员会的专家参加。

食品安全风险评估不得向生产经营者收取费用，采集样品应当按照市场价格支付费用。

第四节　传染病防治法常识

一、传染病的概念

传染病，是指由各种病原微生物引起的，能在人与人、动物与动物或人与动物之间相互传播并造成流行的一类疾病，具有传染性、流行性和反复性等特征，发病率高、传染快，对人体健康和生命威胁巨大。

二、传染病的防治方针和原则

《中华人民共和国传染病防治法》规定，国家对传染病防治实行预防为主的方针，防治结合、分类管理、依靠科学、依靠群众的原则。

（一）预防为主

传染病防治要把预防工作放在首位，从预防传染病发生入手，通过采取各种防治措施，使传染病不发生、不流行。预防为主要求有病治病，无病防病，立足于防。

（二）防治结合

在贯彻预防为主方针的前提下，实行预防措施和治疗措施相结合，既符合阻断形成传染病流行的3个环节，即管理传染源、切断传播途径、保护易感人群，又适应由过去单纯的生物医学模式向生物—心理—社会医学模式的转变。

（三）分类管理

根据传染病不同病种的传播方式、传播速度、流行强度，以及对人类健康、公共卫生危害程度的不同，参照国际统一分类标准所制定的一种科学管理原则，传染病实行分类管理既是法律的原则性与灵活性相结合的体现，也是符合我国国情，特别是符合广大农村客观情况的体现。

（四）依靠科学

在传染病防治工作中，要发扬科学精神，坚持科学决策；普及科学知识，加强科学引导；做好科学预防，实行科学治疗；依靠科学技术，组织科学攻关。

（五）依靠群众

传染病防治工作的依靠力量是群众，工作对象也是群众，所以传染病防治工作必须以群众参与和积极配合为条件。国家支持和鼓励公民参与传染病防治工作，同时，公民也应当根据法律的规定，接受疾病预防控制机构、医疗机构有关传染病的调查、检验、采集样本、隔离治疗等预防、控制措施，如实提供有关情况。

三、传染病的预防

（一）传染病预防的相关制度

加强对传染病的预防，可以减少传染病的发生；传染病发生之后，快速准确报告和发布疫情信息并采取积极的防治措施，有利于减少传染病的扩散和蔓延。因此，国家为预防传染病制定了相关法律制度并明确了各级机构的具体职责。

预防传染病的相关制度如下。

（1）国家实行有计划的预防接种制度。

（2）国家对儿童实行预防接种证制度。

（3）国家建立传染病监测制度和预警制度。

（4）国家建立传染病疫情信息公布制度。

以上各项制度均由国家卫生行政部门组织实施。

（二）各级疾病预防控制机构的职责

（1）实施传染病预防控制规划、计划和方案。

（2）收集、分析和报告传染病监测信息，预测传染病的发生、流行趋势。

（3）开展对传染病疫情和突发公共卫生事件的流行病学调查、现场处理及其效果评价。

（4）开展传染病实验室检测、诊断、病原学鉴定，实施免疫规划，负责预防性生物制品的使用管理。

（5）开展健康教育、咨询，普及传染病防治知识。

（6）指导、培训下级疾病预防控制机构及其工作人员开展传染病监测工作。

（7）开展传染病防治应用性研究和卫生评价，提供技术咨询。

（8）指定专人负责对医疗机构内传染病预防工作进行指导、考核，开展流行病学调查。

（三）医疗机构的职责

（1）医疗机构必须严格执行国务院卫生行政部门规定的管理制度、操作规范，防止传染病的医源性感染和医院感染。

（2）确定专门的部门或者人员，承担传染病疫情报告本单位的传染病预防、控制以及责任区域内的传染病预防工作。

（3）承担医疗活动中与医院感染有关的危险因素监测、安全防护、消毒、隔离和医疗废物处置工作。

（四）实验室机构的职责

疾病预防控制机构、医疗机构的实验室和从事病原微生物实验的单位，应当符合国家规定的条件和技术标准，建立严格的监督管理制度，对传染病病原体样本按照规定的措施实行严格监督管理，严防传染病病原体的实验室感染和病原微生物的扩散。

（五）采供血机构、生物制品机构的职责

采供血机构、生物制品生产单位必须严格执行国家有关规定，保证血液、血液制品的质量。禁止非法采集血液或者组织他人出卖血液。

（六）单位和个人的职责

（1）对被传染病病原体污染的污水、污物、场所和物品，有关单位和个人必须在疾病预防控制机构的指导下或者按照其提出的卫生要求，进行严格消毒处理；拒绝消毒处理的，由当地卫生行政部门或者疾病预防控制机构进行强制消毒处理。

（2）在国家确认的自然疫源地计划兴建水利、交通、旅游、能源等大型建设项目的，应当事先由省级以上疾病预防控制机构对施工环境进行卫生调查。建设单位应当根据疾病预防控制意见，采取必要的传染病预防、控制措施。施工期间，建设单位应当设专人负责工作。工程竣工后，疾病预防控制机构应当对可能发生的传染病进行监测。

（3）用于传染病防治的消毒产品、饮用水供水单位供应的饮用水和涉及饮用水卫生安全的产品，应当符合国家卫生标准和卫生规范。

（4）传染病患者、病原携带者应得到及时救治。在治愈前或者在排除传染病嫌疑前，不得从事法律、行政法规和国务院卫生行政部门规定禁止从事的易使该传染病扩散的工作。

四、传染病防治监督管理的法律规定

（一）传染病防治监督管理的执法主体及其职责

省级以上人民政府卫生行政部门负责组织对传染病防治重大事项的处理。县级以上人民政府卫生行政部门对传染病防治工作进行监督检查时，应履行下列职责。

（1）对下级人民政府卫生行政部门履行本法规定的传染病防治职责进行监督检查。

（2）对疾病预防控制机构、医疗机构的传染病防治工作进行监督检查。

（3）对采供血机构的采供血活动进行监督检查。

（4）对用于传染病防治的消毒产品及其生产单位进行监督检查，并对饮用水供水单位从事生产或者供应活动以及涉及饮用水卫生安全的产品进行监督检查。

（5）对传染病菌种、毒种和传染病检测样本的采集、保藏、携带、运输、使用进行监督检查。

（6）对公共场所和有关单位的卫生条件和传染病预防、控制措施进行监督检查。

县级以上人民政府卫生行政部门在履行监督检查职责时，有权进入被检查单位和传染病疫情发生现场调查取证，查阅或者复制有关的资料和采集样本。被检查单位应当予以配合，不得拒绝、阻挠。

县级以上地方人民政府卫生行政部门在履行监督检查职责时，发现被传染病病原体污染的公共饮用水水源、食品以及相关物品，如不及时采取控制措施可能导致传染病传播、流行的，可以采取封闭公共饮用水水源、封存食品以及相关物品或者暂停销售的临时控制措施，并予以检验或者进行消毒。经检验，属于被污染的物品，应当予以销毁；对未被污染或者经消毒后可以使用的物品，应当解除控制措施。

（二）卫生行政部门及其工作人员的职责

（1）卫生行政部门工作人员依法执行职务时，应当不少于两人，并出示执法证件，填写卫生执法文书。卫生执法文书经核对无误后，应当由卫生执法人员和当事人签名当事人拒绝签名的，卫生执法人员应当注明情况。

（2）卫生行政部门应当依法建立健全内部监督制度，对其工作人员依据法定职权和程序履行职责的情况进行监督。

（3）上级卫生行政部门发现下级卫生行政部门不及时处理职责范围内的事项或者不履行职责的，应当责令纠正或者直接予以处理。

（4）卫生行政部门及其工作人员履行职责，应当自觉接受社会和公民的监督。单位和个人有权向上级人民政府及其卫生行政部门举报违反本法的行为。接到举报的有关人民政府或者其卫生行政部门，应当及时调查处理。

第五节　其他法律常识

一、就业促进法

2007年制定、2015年修订的《中华人民共和国就业促进法》是为了促进就业，促进经济发展与扩大就业相协调，促进社会和谐稳定而制定的法律。分为总则、政策支持、公平就业、就业服务和管理、职业教育和培训、就业援助、监督检查、法律责任、附则。

根据该法规定，国家把扩大就业放在经济社会发展的突出位置，实施积极的就业政策，坚持劳动者自主择业、市场调节就业、政府促进就业的方针，多渠道扩大就业。劳动者依法享有平等就业和自主择业的权利。劳动者就业，不因民族、种族、性别、宗教信仰等不同而受歧视。国家实行城乡统筹的就业政策，建立健全城乡劳动者平等就业的制度，引导农业富余劳动力有序转移就业。国家保障妇女享有与男子平等的劳动权利。农村劳动者进城就业享有与城镇劳动者平等的劳动权利，不得对农村劳动者进城就业设置歧视性限制。

从事职业中介活动，应当遵循合法、诚实信用、公平、公开的原则。禁止任何组织或者个人利用职业中介活动侵害劳动者的合法权益。国家依法发展职业教育，鼓励开展职业培训，促进劳动者提高职业技能，增强就业能力与创业能力。

在家政服务法律常识的学习中可以了解到，在家政服务单行立法尚未制定出台以前，我国现行的法律制度已建立起以公法、私法、社会法等为中心内容的涉及家政服务的法律法规群，从国家根本法——宪法，到以公民权利保护为核心的民法典，再到打击制止犯罪、保护人民群众生命健康和财产安全的刑法，以及劳动与社会保障等法律，都对家政服务业法律关系作出了规定。

二、容易忽略的侵权行为

1.特价商品不予退换 根据《中华人民共和国消费者权益保护法》（以下简称《消费者权益保护法》），特价商品、打折商品、赠品也必须实行"三包（包退、包换、保修）"。如果商家拒绝执行"三包"规定，可向各级工商管理部门和消费者协会投诉。

2.商家虚标价码 商家虚高标注吊牌价，再低折扣销售，这种虚假折扣已涉嫌价格欺诈。消费者遇到这种情况可以向工商管理部门举报，或起诉商家。同时，消费者不要盲目抢购打折商品，应理性购物。

3.宾馆中午12点退房 宾馆以"天"为计价单位，消费者的普遍理解是"一天24小时"的概念，没住够24小时而必须12点结账，侵害了消费者的公平交易权。

4.商品一过保修期就坏 只要在产品合理的使用期内，明示使用寿命，商家就应该保证在这段时间内产品不出问题。《产品质量法》规定一般不低于10年。现在不少产品刚过"三包"期就出问题，那就是产品本身固有缺陷造成的，理所应当由商家承担责任。

5.导游带游客购物吃回扣 消费者在选择旅游产品时，不要盲目追求低价旅游，避免落入"零接待费""负接待费"陷阱。旅游购物应主动索要有效票证，选购贵重物品时要理智、谨慎。

6.特价机票不退不改签 持特价机票如被消费者退票，航空公司还可继续销售，并不定会承担全部机票价格的损失。特价机票不能退票的潜规则侵犯消费者享有的公平交易权。

7.快件丢失不予以赔偿 快递公司凭借单方面制定的"霸王条款"，拒绝对消费者合理赔偿，让消费者遭受重大损失。根据《合同法》的规定，如果快递公司作为承运人未尽妥善保管货物的义务，对货物的丢失明显存在过错，理应根据实际损失对丢失快递物品予以赔偿。

8.超市购物受伤获赔 根据《消费者权益保护法》有关规定，消费者在购买、使用商品和接受服务时享有人身、财产安全不受损害的权利。消费者有权要求经营者提供的商品和服务，符合保障人身、财产安全的要求。经营者应当保证其提供的商品或者服务符合保障人身、财产安全的要求。

9.维修无限延期 《消费者权益保护法》规定，保修期内的商品，经营者应当在30~90天内修好。一般来说，经营者要在30天内修复，如果30天内不能修复的，经营者应该尽量给消费者提供一个备机。如果商品在保修期内修了90天还没修好，消费者可以要求退货或换货。

10.商品质量问题 消费者在购买、使用商品时，其合法权益受到损害的，可以向销售者要求赔偿。销售者赔偿后，属于生产者的责任或者属于向消费者提供商品的其他销售者的责任的，销售者有权向生产者或者其他销售者追偿。经营者不得以格式合同、通知、声明、店堂告示等方式作出对消费者不公平、不合理的规定，或者减轻免除其损害消费者合法权益应当承担的民事责任。

三、法律救济的途径

法律救济是指公民、法人或者其他组织认为自己的人身权、财产权因行政机关的行政行为或者其他单位和个人的行为而受到侵害，依照法律规定向有权受理的国家机关告诉并要求解决，予以补救，有关国家机关受理并作出具有法律效力的活动。

针对不同性质、不同种类的行为，采取的救济方式是不一样的，就救济的方式而言，法律救济可以分为非司法救济和司法救济。下面以劳动纠纷为例介绍法律救济的情形。

（一）非司法救济途径

1.劳动争议的调解 调解是劳动争议解决的一种方式。与仲裁相比，调解更加随意。调解组织是作为第三方介入劳动者与用人单位，帮助劳动争议双方达成协议的组织。根据《劳动争议调解仲裁法》，调解组织有企业劳动争议调解委员会、依法设立的基层人民调解组织以及在乡镇、街道设立的具有劳动争议调解职能的组织。

（1）调解申请 可以口头作出也可以书面作出。口头申请的，调解组织应当当场记录申请人基本情况，申请调解的争议事项、理由和时间。

（2）调解协议 是劳动者与用人单位在调解下自愿作出的具有法律约束力的协议。其具有强制约束力，达成调解协议后，一方当事人在协议约定期限内不履行调解协议的，另一方当事人可以依法申请仲裁。同时，如果调解协议是因支付拖欠劳动报酬、工伤医疗费、经济补偿或者赔偿金事项而达成的，用人单位在协议约定期限内不履行时，劳动者可以持调解协议书依法向人民法院申请支付令。

2.劳动争议的仲裁 仲裁是劳动争议解决的另一种方式。我国对属于《劳动争议调解仲裁法》范围内的劳动争议案件认定为需要仲裁前置的案件，即该类案件需要经过仲裁裁决之后才可以向法院提起诉讼。劳动仲裁的程序与普通的诉讼程序有很多相似之处，因此下文主要介绍不相似的地方。

（1）仲裁提起的时效 《劳动争议调解仲裁法》第二十七条规定，劳动争议申请仲裁的时效期间为一年。仲裁时效期间从当事人知道或者应当知道其权利被侵害之日起计算。劳动关系存续期间因拖欠劳动报酬发生争议的，劳动者申请仲裁不受本条第一款规定的仲裁时效期间的限制。

（2）举证责任 劳动争议案件并不完全严格适用"谁主张，谁举证"的制度。《劳动仲裁法》第三十九条第二款规定，劳动者无法提供由用人单位掌握管理的与仲裁请求有关的证据，仲裁庭可以要求用人单位在指定期限内提供。用人单位在指定期限内不提供的，应当承担不利后果。

（3）终局裁决 裁决书自作出之日起发生法律效力仅在劳动者不服的情况下，劳动者可以向人民法院提起诉讼。终局裁决的适用情形：①追索劳动报酬、工伤医疗费、经济补偿或者赔偿金，不超过当地月最低工资标准12个月金额的争议；②因执行国家的劳动标准在工作时间、休息休假、社会保险等方面发生的争议。

（二）司法救济途径

1.民事诉讼 当事人不服劳动争议仲裁庭委员会的仲裁，可以向人民法院提起诉讼，由人民法院依法对争议进行审理并作出裁决，从而解决劳动争议。人民法院的审理是我国处理劳动争议的最终程序。人民法院对劳动争议的审理，则必须以当事人不服劳动争议仲裁委员会仲裁为前提，即当事人在劳动争议发生后不能直接向人民法院提起诉讼，只有先经过仲裁程序，对仲裁不服的，才能进入诉讼程序。根据最高人民法院的规定，劳动争议案件由民事审判依据《中华人民共和国民事诉讼法》规定的程序审理，实行两审终审制。

2.行政诉讼 劳动行政诉讼是行政诉讼中的一种。劳动行政诉讼，是指公民、法人或者其他组织以为劳动行政机关的具体行政行为侵犯了其合法权益，按照《中华人民共和国行政诉讼法》和有关劳动法律、法规向人民法院提起诉讼，由人民法院进行审理并作出裁决的活动。就农民群体而言，一般作为原告的情形是关于申请保护人身权和财产权的争议，通常是申请劳动行政机关履行保护人身健康权、劳动安全权、劳动保险权的法定职责，劳动行政机关拒绝或不予答复的，当事人可以以劳动行政机关为被告向人民法院提起行政诉讼。具体的起诉法院，依照《中华人民共和国行政诉讼法》的规定。

重点回顾

重点回顾

目标检测

参考答案

一、选择题

1.职工因工作原因受到事故伤害或者患职业病，且经工伤认定的，享受（ ）。

A.工伤保险待遇   B.养老保险待遇

C.医疗保险待遇   D.生育保险待遇

2.失业人员符合下列（ ）条件的，从失业保险基金中领取失业保险金。

①失业前用人单位和本人已经缴纳失业保险费满1年的

②非因本人意愿中断就业的

③已经进行失业登记，并有求职要求的

  A.①   B.②

  C.③   D.①②③

3.职工有下列（ ）情形之一的，可以按照国家规定享受生育津贴。

①女职工生育享受产假

②享受计划生育手术休假

③法律、法规规定的其他情形

  A.①   B.②

  C.③   D.①②③

二、思考题

1.什么人可以参加基本养老保险？

2.员工被解聘后，能要回自己的基本养老保险吗？

第五章 服务行业中财产保护的法律

学习目标

1.掌握服务行业中财产保护的相关法律基础知识。

2.学会运用相关知识加强服务能力。

3.了解相关法规并提高服务行业法律法规素养。

第一节 合同法基本知识

在民法知识中，与我们的工作、生活最为密切相关的就是合同知识，我们与用人单位需要签订劳动合同，与雇主也需要签订相关的合同，以维护双方的利益。

一、合同概述

（一）合同的概念

合同是平等主体的自然人、法人、非法人组织之间设立、变更、终止民事权利义务关系的协议。民法典中的合同编调整因合同产生的民事法律关系。

民法典第一百一十八条规定："民事主体依法享有债权。债权是因合同侵权行为、无因管理、不当得利以及法律的其他规定，权利人请求特定义务人为或者不为一定行为的权利。"根据债发生的原因不同，可以分为合同之债、侵权之债、无因管理之债和不当得利之债。而合同法债权法的核心，基于合同产生的债叫合同之债，这种债是民事主体为自己利益、依自己意思自行设定的，属于意定之债。其他三种类型的债属实法定之债。

（二）合同的法律性质

合同的法律性质可概括为3个方面：①合同是一种民事法律行为；②合同是两方或多方当事人意思表示一致的民事法律行为；③合同是以设立、变更、终止民事权利义务关系为目的的民事法律行为。

二、合同关系

合同关系，是指合同当事人之间的权利和义务关系。作为一种法律关系，它由主体、内容和客体3个方面构成。合同关系的主体，又称为合同的当事人，包括债权人和债务人。合同关系的内容，是指债权人的权利和债务人的义务。合同关系的客体，也称合同的标的，是指合同关系中权利义务所指向的对象，此处的对象称为给付行为。行为可以是作为，也可以是不作为。

民法典第五百九十三条明确规定："当事人一方因第三人的原因造成违约的，应依法向对方承担违约责任。当事人一方和第三人之间的纠纷，依照法律规定或者按照约定处理。"合同关系的相对性分为主体相对、内容相对和责任相对。

三、合同的订立

（一）要约

合同订立，此阶段由要约邀请、要约等制度加以规定。民法典的合同编对合同"订"的要求更为宽松，首先，在要约邀请阶段，民法典丰富了要约邀请的类型。所谓要约邀请，是指希望他人向自己发出要约的意思表示。要约邀请是当事人订立合同的预备行为，只是引诱他人发出要约，不能因为相对人的承诺而成立合同。民法典第四百七十三条第一款在列举要约邀请的具体形态时，将拍卖公告、招标公告、招股说明书、债券募集办法、基金招募说明书、商业广告和宣传、寄送的价目表等几种形态均作为要约邀请的形态，并明确商业广告和宣传的内容符合要约条件的，直接构成要约。

（二）承诺

承诺是指受要约人作出的同意要约以成立合同的意思表示。承诺一般应以通知的方式作出，但根据交易习惯或要约表明可以通过行为作出承诺的除外。例外情形下，沉默可以视为意思表示。若撤回承诺，应先于或与承诺同时到达要约人。

（三）合同成立的时间和地点

1.合同成立的时间　承诺生效之时，就是合同成立之时。采用合同书形式订立合同的，双方签字或盖章时合同成立。采用信件、数据电文等形式订立合同，签订确认书时，合同成立。

2.合同成立的地点

（1）承诺生效的地点为合同成立的地点。当事人采用合同书形式订立合同的双方当事人签字或盖章的地点为合同成立的地点。

（2）合同约定的签订地与实际签字或者盖章地点不符的，人民法院应当认定约定的签订地为合同签订地；合同没有约定签订地，双方当事人签字或者盖章不在同一地点的，人民法院应当认定最后签字或者盖章的地点为合同签订地。

（3）采用数据电文形式订立合同的，收件人的主营业地为合同成立的地点；没有主营业地的，其经常居住地为合同成立的地点，当事人另有约定的，按照其约定。

四、合同的履行

合同的履行，是合同债务人按照合同的约定全面地、适当地履行合同义务，使债权人的债权得到完全实现，合同法律关系归于消灭的行为。履约过程应当遵循诚信原则、绿色原则等。合同的履行是达到合同目的的基本要求，这种特定的履行行为既包含积极作为，也包含消极不作为。"积极作为"包括但不限于支付价款、交付标的物等；"消极不作为"包括但不限于不采取与合同对方当事人相竞争的企业交易、不披露对方的商业秘密等行为。

五、违约责任

订立合同就要遵守和履行，如果当事人一方不履行合同义务或者履行合同义务不符合约定，那就要承担违约责任。民法典对违约行为的规定有两种形态：不履行合同义务或履行合同义务不符合约定。这两种形态都构成违约，都应承担相应的违约责任。民法典第五百七十七条规定："当事人一方不履行合同义务或者履行合同义务不符合约定的，应当承担继续履行、采取补救措施或者赔偿损失等违约责任。"虽然民法典合同编以严格责任原则为主，但基于调整对象的特殊性，也规定在部分合同中实施过错责任原则，主要有供电合同、赠与合同、租赁合同、加工承揽合同、委托合同。

六、典型合同

《中华人民共和国合同法》（以下简称《合同法》）只规定了15种典型合同，即买卖合同，供用电、水、气、热力合同，赠与合同，借款合同，租赁合同，融资租赁合同，承揽合同，建设工程合同，运输合同，技术合同，保管合同，仓储合同，委托合同，行纪合同，居间合同。民法典合同编保留了其中14种典型合同，删除了居间合同，并新增了5种：保证合同、保理合同、物业服务合同、中介合同以及合伙合同，使合同编共包含19种典型合同。

物业服务一直是被很多小区业主讨论较多的问题，有的小区业主和物业之间的关系一度处于水深火热之中。此次民法典合同编专门将物业服务合同作为典型合同独立出来，足以说明国家层面对这一问题的重视。民法典合同编明确规定了物业服务合同的内容及形式，规定了物业服务人员定期公开与报告义务，明确了物业服务人催缴物业费的方式等事项。

岗位情境模拟

情景描述：某小区业主李女士，因为对物业公司的小区管理方式有意见，拒绝支付物业费。在经过多次催交未果之后该物业公司采取断水、断电等方式，要求李女士支付物业费。

请问：该物业公司的行为合法吗？

参考答案：不合法。物业服务质量与物业费不匹配的问题，是业主与物业公司之间长期的矛盾焦点。业主对物业服务不满意就会拒绝支付物业费，而有些物业服务公司认为催交物业费最有效、最直接的办法就是采取断水、断电等粗暴方式。民法典第九百四十四条第三款规定："物业服务人不得采取停止供电、供水、供热、供燃气等方式催交物业费。"因为物业服务合同与供水、供电合同是两种不同的、各自独立的民事法律关系。中止供水、供电的权利，只有提供相应服务的企业才可以享有，并且要严格按照国家规定的程序执行。所以物业公司无权采取此项措施。若物业公司采取断水、断电方式催交物业费，业主可要求物业公司立即恢复，否则业主有权投诉物业公司并要求损害赔偿。

第二节　侵权法律基本知识

一、侵权责任概述

（一）侵权责任

侵权责任是民事主体侵害他人权益应当承担的法律后果。实施侵权行为的一方叫作行为人、侵权行为人、加害人、责任人，权益被侵害的一方叫作被侵权人、受害人、被害人、权利人。侵权行为人和被侵权人都可以包括自然人、法人或者非法人组织。

（二）侵权责任编保护利益

民法典侵权责任编是调整有关侵害他人人身、财产权益的行为而产生的侵权责任关系的法律规范的总和。民法典侵权责任编保护利益主要包括以下5个方面。

1.其他人格利益　也叫作一般人格利益，是指具体人格权不能涵盖但应当依法予以保护的人格利益

2.死者人格利益　包括死者的姓名、肖像、名誉、荣誉、隐私以及遗体遗骨。侵害上述死者人格利益造成损害的，应承担相应责任。

3.胎儿人格利益　民法典第十六条规定："涉及遗产继承、接受赠与等胎儿利益保护的，胎儿视为具有民事权利能力。但是，胎儿娩出时为死体的，其民事权利能力自始不存在。"

4.其他身份利益　亲属之间基于特定的亲属关系产生的，不能为身份权所概括的利益，即为其他身份利益。除了配偶权、亲权和亲属权所保护的身份利益之外，其他身份利益大量存在，且经常受到侵权行为的侵害。

5.其他财产利益　是物权、债权、知识产权等财产权所保护的财产利益之外的其他财产利益。

二、侵权责任的归责原则

（一）归责原则的概念

归责原则，是指侵权人因自己的行为或因由其负责的他人行为以及归其所有或管理的物或物件致人损害的事实发生后，确定其承担侵权责任的基础或依据。民法典侵权责任编中侵权损害赔偿责任的归责原则体系，包括过错责任原则、过错推定责任原则和无过错责任原则。不论行为人有无过错，法律规定应当承担侵权责任的，依照其规定。

（二）过错责任原则

1.过错责任原则的概念和特征　过错责任原则是指以过错为价值判断标准，判断行为人对其造成的损害应否承担侵权责任的归责原则。民法典第一千一百六十五条第一款规定："行为人因过错侵害他人民事权益造成损害的，应当承担侵权责任。"这就规定了过错责任原则是民法典侵权责任编的基本归责原则，同时也是一般侵权责任法律适用的侵权责任一般条款，即小的侵权责任一般条款。

民法典侵权责任编中的过错责任原则有以下3个方面的特征。

（1）过错责任原则的性质是主观归责原则。

（2）以过错作为侵权责任的必备构成要件。

（3）以过错为责任构成的最终要件。

2.过错责任原则的适用　在实践中，适用过错责任原则应掌握以下规则。

（1）适用范围　过错责任原则适用于一般侵权行为。确定的标准是只有在法律有特别

规定的情况下，才不适用过错责任原则。

（2）责任构成要件　一般要求：适用过错责任原则确定赔偿责任，其构成要件有4个，即违法行为、损害事实、违法行为与损害事实之间的因果关系和过错，这4个要件缺一不可。

1）构成过错责任需要有违法行为，若无行为人的行为，就不会产生侵权责任，这里的违法行为包括作为和不作为。

2）构成过错责任要求行为人行为时有过错。

3）构成过错责任要求受害人的民事权益受到损害。

4）行为人的行为必须与受害人的损害之间有因果关系方能构成过错责任。

过错程度对损害赔偿责任的影响：在某些情况下，过错程度有时候对侵权责任构成也具有决定作用。不过，这样的情况应当有法律明文规定，没有明文规定不能这样确定责任。同时，在某些情况下，过错程度对侵权损害赔偿责任的范围也有影响。

第三人的过错对责任的影响：由于第三人的过错而致受害人损害，只要行为人没有过错，行为人就不负责任。

（3）证明责任　适用过错责任原则应按照"谁主张，谁举证"的民事诉讼原则，构成侵权责任的4个要件的举证责任，全部由提出损害赔偿主张的受害人负担加害人不承担举证责任，如果原告举证不足或者举证不能，应当承担败诉的结果。但在特定情形下，如环境污染责任中，不少环境污染损害有一个积累过程，时间长，跨度大，受害群体分布广，且专业性较强，让普通受害者个人费时耗力地证明因果关系是否存在困难重重，为了保护这些受害者，需要减轻受害者的举证责任，由被告负责证明自己的行为与损害结果之间没有因果关系。

（4）侵权责任形态　在适用过错责任原则的场合，侵权责任的基本形态是自己的责任，即侵权人为自己的行为造成的损害后果负责，只有在特别场合才存在替代责任的情形。

（三）过错推定责任原则

过错推定责任原则，指在法律有特别规定的场合下，根据法律规定推定行为人有过错，行为人不能证明自己没有过错的，应当承担侵权责任。民法典第一百一十八条第二款规定："依照法律规定推定行为人有过错，其不能证明自己没有过错的应当承担侵权责任。"

（四）无过错责任原则

1.无过错责任原则的概念　无过错责任，又称为严格责任、危险责任或者风险责任，指在法律有特别规定的情况下，以已经发生的损害结果为价值判断标准，与该损害结果有因果关系的行为人。不问其有无过错，都要承担侵权赔偿责任的归责原则。民法典第一千一百六十六条规定："行为人造成他人民事权益损害，不论行为人有无过错，法律规定应当承担侵权责任的，依照其规定。"

民法典第一千一百六十六条的规定本身只是为了表明无过错责任原则在我国是与过错责任原则并列的归责原则，其并不直接具有作为裁判根据的意义。要对某一案件适用无过错责任原则，必须是民法典侵权责任编或者单行法明确规定该类案件不以过错为承担责任的条件，民法典侵权责任编或者其他法律未明确规定适用无过错责任原则的案件，均属于过错责任原则的适用范围。

2.无过错责任的适用　依据民法典第一千一百六十六条的规定，如果法律没有特别规定不得适用无过错责任原则，无过错责任原则必须是在有法律规定的情况下适用。

责任构成要件有3个，即违法行为、损害事实和因果关系。在适用无过错责任原则的情况下，只要具备以上3个要件，行为人就应当承担赔偿责任，而不要求具备主观过错的要件。由此可见，决定责任构成的基本要件是因果关系。当损害结果和违法行为之间具有因果关系时，侵权责任即构成。

（1）证明责任　适用无过错责任的具体规则：被侵权人需要对3个构成要件（违法行为、损害事实和因果关系）承担证明责任，行为人对此无须承担举证责任。在被侵权人完成上述证明责任后，如果行为人主张不构成侵权或免责，自己应承担举证责任（举证责任倒置）。被告所要证明的不是自己无过错，而是被侵权人的故意或者重大过失才是致害的原因，这也是无过错责任原则与推定过错责任原则的一个重要区别。行为人能够证明损害是由于被侵权人的故意或者重大过失所引起的即免除赔偿责任。行为人对上述举证责任举证不足或者举证不能，侵权责任即告成立，应承担侵权责任。

（2）侵权责任形态　一般是替代责任，包括对人的替代和对物的替代。

（3）侵权人过错的问题　在适用无过错责任原则的侵权行为中，法律只是不考虑侵权人的过错。在现实中，大多数实施无过错责任原则的侵权行为的行为人在行为时是有过错的，被侵权人能够提供证据加以证明。对此，可以实行以下规则：侵权人的过错对于侵权责任的构成没有意义。因为凡是在无过错责任原则适用的场合，构成侵权责任都不问过错。即使侵权人有过错，被侵权人已经证明，在这一环节也不加考虑。侵权人的过错对于侵权责任的赔偿范围具有较大的决定作用。

三、侵权责任的构成要件

（一）侵权责任构成的基本概念

侵权责任构成，指构成行为人因侵权行为所承担的民事责任所需的条件。换言之，侵权责任构成是依据法律进行理性分析。确定侵权人应当承担的侵权责任，分析在一般情况下侵权责任由哪些要素构成，并且将这种构成作为判断行为人的行为是否成立侵权责任的标准。

侵权责任构成与侵权责任构成要件这两个概念是一个事物的两个方面，前者指这种责任必须具备哪些要素或条件才能构成，后者是指构成这种责任的基本要素的具体条件是什么。从这个角度来看，这两个概念是紧密相连的，是一个有机的整体。但是，从理论上和实践上来看，这两个概念的意义和作用并不相同。

确认侵权责任构成应具备违法行为、损害事实、因果关系和过错这4个要件构成一般侵权损害赔偿责任，这4个要件缺一不可，否则就不能认定侵权损害赔偿的民事责任。构成特殊侵权损害赔偿责任，在实行无过错责任原则的情况下，可以不具备过错的要件；在实行过错推定原则的情况下，仍然要具备4个要件，但过错要件是推定的，不需要被侵权人举证证明。

（二）违法行为

违法行为，是指自然人或者法人违反法定义务、违反法律的禁止性规定而实施的作为或不作为。

违法行为作为侵权责任构成的客观要件，包括行为和违法两个要素，这两个要素构成违法行为要件的完整结构。这一结构表明：首先，侵权行为必须由行为构成，而非由事件或思想等行为以外的事实构成，构成侵权责任的前提是必须有一定的行为；其次，这种行为必须在客观上违反法律，具有违法性的特征，行为的违法性是构成侵权损害赔偿责任的重要条件。如果行为人的行为是合乎法律规定的行为，那么，即使这种行为造成了损害，行为人也不承担赔偿责任。

违法行为依其方式分为作为和不作为。作为的违法行为是指违反法律规定的不作为法定义务的行为，这是侵权行为的主要方式；不作为的违法行为是指违反法律规定的作为法定义务的行为。特定的法定作为义务的来源有以下3种。

1.来自法律的直接规定　法律直接规定行为人负有作为义务的，为法定作为义务的来源。

2.来自业务上或职务上的要求　在业务上或者职务上要求行为人负有作为的义务，为法定作为义务的来源。

3.来自行为人先前的行为　行为人先前的行为给他人带来某种危险，对此，必须承担避免危险的作为义务，这也是法定作为义务的来源。

（三）损害事实

损害事实，是指一定的行为致使权利主体的人身权益、财产权益受到侵害，并造成财产利益和非财产利益的减少或灭失的客观事实。这里的行为也包括作为和不作为。损害事实是由两个要素构成的：权利被侵害和权利被侵害而造成的利益损失。根据我国民法典第一千一百六十五条、第一千一百八十二条和第一千一百八十四条的规定，损害事实包括两大类：①对人身权利及利益的损害事实；②对财产权利及利益的损害事实。

财产损害通常表现为财产损失，包括直接损失和间接损失。

1.直接损失 是受害人现有财产的减少，也就是加害人不法行为侵害受害人的财产权利，致使受害人现有的财产利益直接受到的损失，如财物被毁损、被侵占而使受害人的财富减少。

2.间接损失 是受害人可得利益的丧失，即应当得到的利益因受不法行为的侵害而没有得到，是侵权人侵害被侵权人所有的财物或者财产权利，致使被侵权人在一定范围内的未来财产利益受到的损失。

四、侵权责任承担

（一）侵权责任方式的概念

在确认侵权行为构成后，接下来面临的问题就是应如何确定侵权人承担与其所实施的侵权行为相适应的责任方式。侵权责任方式，是指侵权人依据侵权法就自己实施的侵权行为应当承担的具体的民事责任形式。从抽象的意义上说，侵权责任方式就是侵权法规定的侵权人实施侵权行为所应当承担的具体的法律后果。法律规定侵权人承担侵权民事责任的方式，意味着法律对侵权人所实施的行为进行否定和谴责，并对侵权行为给予制裁，同时表明了法律对自然人、法人的权利的保护，也体现出了法律对一般自然人和法人的教育作用。

《中华人民共和国民法典》第一百七十九条规定，承担民事责任的方式主要有停止侵害；排除妨碍；消除危险；返还财产；恢复原状；修理、重作、更换；继续履行；赔偿损失；支付违约金；消除影响、恢复名誉；赔礼道歉。

（二）侵权责任方式的类型

在11种侵权责任方式中，财产责任是主要方式，非财产责任是非主要方式。前者如赔偿损失、恢复原状、返还财产，后者如停止侵害、消除影响、恢复名誉、赔礼道歉。此外，排除妨碍和消除危险则既有可能是财产责任方式，也可能是非财产责任方式。根据侵权责任方式的不同特点，可以将侵权责任方式概括为以下3种类型。

1.财产型责任方式 这种责任方式主要是救济被侵权人的财产损失，也包括对非财产利益损害的救济，可以根据侵权行为损害利益的情况适用。

2.精神型责任方式　这种责任方式主要是救济精神利益的损害和精神痛苦的损害，适用于精神性人格权损害的救济。我国侵权法对于财产损害一般不适用精神型的责任方式。

3.综合型责任方式　这种责任方式对于一切侵权行为都可以适用，对侵害财产权利的侵权行为可以适用，对侵害人格权的侵权行为也可以适用。

（三）侵权责任方式的适用

1.财产型责任方式的适用

（1）返还财产　是普遍适用的侵权责任方式。作为侵权责任方式的返还财产，是指返还原物。不法侵占他人财产的，应当返还原物。返还原物责任因不法行为人非法占有财产而产生，因返还原物提起的诉讼称为返还之诉。

适用返还原物的侵权责任方式时，应注意以下几点。

1）适用条件：财产被侵占，且原物依然存在。如果原物已经灭失，客观上不存在返还原物的可能。则只能要求赔偿损失，而不能要求返还原物。如果原物虽然存在，但已经受毁损，可以在请求返还原物的基础上，再提出赔偿损失。返还原物在性质上是物的占有转移，而不是所有权的转移，因此必须要占有人将所有物转移至所有人的控制之下，才能视为原物已经返还。

2）返还范围：应当返还原物，以及原物所生孳息。构成侵权行为的侵占财产均为恶意，在恶意占有的情况下，占有人应负责返还其在全部恶意占有期间所获得的一切孳息，并且无权请求所有人补偿其占有期间所支付的费用。

3）请求权人：有权请求返还原物的人，是被侵权人，包括原物的所有人、占有人。如为原物的所有人请求返还原物，不管是单个的所有人还是共有人，在所有物被他人非法占有后，都享有这一请求返还原物的权利，但在共有的情况下，必须要求不法占有人将共有物返还给全体共有人，如果共有人中的一人超过其应有份额而占有或使用共有物，则其他共有人对该共有人有请求返还其应有部分的权利。

4）返还原物的义务人：返还原物的请求权只能针对侵权人提出，而不能要求合法占有人返还原物，否则，合法占有人可依据其合法占有权，拒绝所有人的请求。确定占有人的占有为合法或非法，应根据所有人提出请求时占有人是否有权占有来决定。如果无权占有人在占有原物以后，又将物转给他人占有，则所有人就可请求无权占有人，也可请求现在的占有人返还原物。

（2）恢复原状　是指恢复权利被侵犯前的原有的状态，一般是指将被损害的财产修复。在财产损害中，恢复原状即所有人的财产在被他人非法侵害遭到损坏时，如果能够修理恢复，则所有人有权要求侵权人通过修理，恢复财产原有的状态。广义的恢复原状，还包括通过返还财产使财产关系恢复到原有的状态，通过恢复名誉使受侵害的名誉权得到恢复等。适用恢复原状应当具备以下条件。

1）必须有修复的可能：不仅是在实际上可能，而且要在经济上合理，否则就不应该采取恢复原状的方式。

2）必须有修复的必要：如果财产被破坏得无法修复，或虽可修复但所有人已不需要，则不能适用恢复原状，而应当折价赔偿。在恢复原状时，应由侵权人以自己的费用进行修复，被侵权人进行监督。

（3）赔偿损失　是最主要、最基本的侵权责任方式，是指行为人因侵权行为而给他人造成损害，应以其财产赔偿受害人所受的损失。所有人的财产遭受他人的不法侵害，致使财产不能修复，或者原物已经灭失，不能返还的，可以请求不法行为人赔偿损失。侵权法上的赔偿损失包括人身损害赔偿、财产损害赔偿和精神损害赔偿3种形式。

2.精神型责任方式的适用

（1）停止侵害　如果行为人实施的侵权行为仍在继续中，受害人可依法请求法院责令侵害人承担停止侵害的责任方式。任何正在实施侵权行为的不法行为人都应立即停止其侵害行为，所以停止侵害的责任方式可适用于各种侵权行为。此种责任方式的主要作用在于：能够及时制止侵害行为，防止扩大侵害后果。但这种责任方式以侵权行为正在进行或仍在延续中为适用条件，对尚未发生的或业已终止的侵权行为则不得适用。责令停止侵害，实际上是要求侵害人不实施某种侵害行为，即不作为。适用停止侵害责任方式应当注意以下几点。

1）可以先予执行：停止侵害可以先予执行，在司法解释中称为先行裁定。先予执行的条件就是侵害正在进行，没有结束。这在一般的侵权案件中都可以适用。

2）诉前请求应当提供担保：先行裁定停止侵害，由于尚没有确认侵权责任构成，是在责任还没有确定之前采取的先予执行措施，因此有可能出现执行错误的情况。如果在诉讼中不能证明被告的行为构成侵权责任，则会给被告造成严重的经济损失。为防止出现这样的情况，在采取停止侵害的民事责任方式时，应当责令申请人提供担保。

（2）消除影响、恢复名誉　在适用中常常并用，故可视为一种侵权责任方式。消除影响指的是行为人实施侵权行为侵害了公民、法人的人格权，对于其所造成的影响，应当在其影响所及的范围内消除不良后果。恢复名誉指的是行为人实施侵权行为侵害了公民或法人的名誉，对于受害人的名誉毁损，应在影响所及的范围内将受害人的名誉恢复至未受侵害时的状态。

（3）赔礼道歉　是指侵权人向受害人承认错误，表示歉意，以求得受害人的原谅。包括口头道歉和书面道歉两种形式。口头道歉由侵权人直接向被侵权人表示。书面道歉以文字形式为之，可以登载在报刊上，张贴于有关场所，或者以信件的方式转交被侵权人。侵权人拒不执行赔礼道歉的民事责任方式的，法院可以按照判决确定的方式进行。费用由侵权人承担。不过，强制进行赔礼道歉有违法之嫌，在适用中应当慎重。

3.综合型责任方式的适用

（1）排除妨碍　是指侵权人实施的行为使受害人无法行使或不能正常行使自己的人身权利、财产权利的，受害人请求加害人将妨碍权利实施的障碍予以排除受害人在请求排除妨碍时，应注意以下问题。

1）对不当行为才能够请求排除妨碍：确认妨碍的行为是否正当，要看这种妨碍是否有法律根据，是否妨碍了对方当事人权利的行使。如果妨碍行为是合法的，即正当行使权利的行为，则"妨碍人"可拒绝被侵权人的请求。只要不法行为妨碍他人行使物权、人身权和知识产权，被侵权人就可请求排除妨碍。

2）确认妨碍适用客观标准，而非主观标准：不考虑妨碍人在主观上是否预见妨碍的后果。

3）妨碍应当是客观存在的：受害人提出排除的妨碍，必须是已经存在或确实存在某种妨碍，而不是主观臆想、猜测的。妨碍既可以是侵权人实施的妨碍行为造成的，也可以是由侵权行为的对象造成的。

（2）消除危险　是指行为人的行为和其管领下的物件对他人的人身和财产安全造成威胁，或存在侵害他人人身或财产的可能的，该他人有权要求行为人采取有效措施，将具有危险因素的行为或对象予以消除。

适用消除危险的责任方式，必须是危险存在，确有可能造成损害的后果，对他人造成威胁，但是损害尚未实际发生，没有妨碍他人民事权利的行使。适用此种责任方式，能有效地防止损害的发生，充分保护民事主体的民事权利。

岗位情境模拟

情景描述： 2022年1月9日上午，甲驾驶两轮摩托车与乙驾驶的无牌照两轮摩托车追尾相撞，导致乙受伤，甲驾车驶离现场。经交通管理部门认定，甲负主要责任，乙负次要责任。

事发时，丙驾车经过现场，发现甲肇事逃逸，即驾车追赶。追赶过程中，丙多次电话报警请求出警。甲驾驶摩托车行至一村庄时，弃车进入村民家中拿走菜刀一把，丙见状持木棍继续追赶。走出村庄后，甲跑上公路，并向铁路方向跑去。在此过程中，路政执法大队某副大队长等人加入，与丙一起继续追赶，并警告路上车辆，小心慢行。甲翻过铁路护栏，沿路而行，丙亦翻过护栏继续跟随。丙边追赶边劝甲自首。后甲走向两铁轨中间，被火车撞倒身亡。

甲死亡后，铁路公司与甲之子签订《铁路交通事故处理协议》，确认死者甲负事故全部责任，铁路方在无过错情况下赔偿原告4万元，随后甲的父亲将丙诉至法院，请求其承担侵害甲生命权的赔偿责任。

请问：丙是否需要对甲之死承担侵权责任？

参考答案：不需要。从表面上看，本案中丙对甲穷追不舍的行为导致了甲走投无路、被火车撞死，这也是其家属起诉的原因。但实质上，根据侵权责任的构成要件来分析，丙的行为并不构成侵权，因此无须承担侵权责任。

五、用人者责任

（一）用人者责任的概念

用人者包括单位和个人，在传统上一般都统称为雇主。在限定范围的语境下，雇主责任包括两方面的含义：①雇主对受雇人在工作过程中所遭受的损害承担责任；②雇主对受雇人在执行职务过程中造成他人损害所承担的责任。这里的雇主责任主要是指受雇人在工作过程中造成他人损害的情形。

雇主责任涉及三方面主体，即雇主、雇员和受害人。其中，雇主与雇员之间是雇佣关系，雇员是造成受害人损伤的具体行为人，雇主则是法律规定的对受害人承担责任的责任人。雇主责任是典型的替代责任。

我国用人者责任包括国家机关工作人员因工作而产生侵权行为的情形。所谓用人者，是指使用他人并指派其从事某种活动的人，包括用人单位，也包括个人。被使用人是指接受用人者指示，根据用人者意思提供劳务的人，包括单位的工作人员，也包括个人劳务提供者。

（二）用人者责任的特征

1.用人者责任是一种替代责任 用人者责任不是对用人者自己实施的侵害行为承担责任，而是对被使用人的侵权行为承担责任，属于替代责任，即由他人对行为人的行为承担责任，其典型表现是行为人与责任人相脱离。由于工作人员是为用人单位工作的，用人单位可以从工作人员的工作中获取一定的利益，因此，工作人员因工作所产生的风险，需要由用人单位承担。用人单位与工作人员相比，一般经济能力较强，让用人单位承担责任，有利于更好地保护被侵权人的合法权益，也有利于用人单位在选任工作人员时能尽到相当的谨慎和注意义务，加强对工作人员的监督和管理。

2.用人者责任以被使用人的职务行为侵权为前提 因执行工作任务或者因劳务，一方支配另一方的劳动，由此产生的侵权行为是构成用人者责任的前提。不是因执行工作任务或者因劳务发生的这种支配他人劳动的行为，不能构成用人者责任。也就是说，被使用人须在从事用人者指示的任务或者履行自己的职务过程中造成他人损害，才构成用人者责任。

3.**用人者责任的成立以被使用人行为构成侵权为基础**　被使用人的行为不构成侵权，用人者自然也无从替代其承担责任。在用人者责任中实际上存在两个行为：①造成损害的工作人员的行为，这是造成损害的个体行为；②用人者的监督不力、管理不当。用人者行为构成侵权是用人者责任的基础，但用人者的行为必须作用在被使用人的身上，才造成了劳动者的个体行为的发生。因此，在用人者责任的责任构成中，因果关系存在造成损害的直移原因和间接原因，两种原因行为相结合，才能构成侵权责任。

4.**用人者责任适用无过错责任原则**　我国民法典总则编没有规定用人者责任，在第六十二条规定了"法定代表因执行职务造成他人损害的，由法人承担民事责任。法人承担民事责任后，依照法律或者法人章程的规定，可以向有过错的法定代表人追偿"。民法典侵权责任编同样采用了这种理念，在用人者责任方面规定用人者对被使用人造成的损害承担责任，而没有规定其在人员选任、工作管理、监督方面尽到了注意义务可以免除责任，所以，系采用了无过错责任原则。

六、用人单位责任

（一）用人单位责任的概念和特征

用人单位责任，是指用人单位的工作人员因执行工作任务造成他人损害，由用人单位作为赔偿责任主体，为其工作人员致害的行为承担损害赔偿责任的特殊侵权责任。

（二）用人单位责任的构成要件

1.**当事人之间存在雇佣关系**　当事人之间是否存在雇佣关系可以从支付报酬、员工的行为是否受用人单位监督或支配，以及员工是否提供了实际劳务等方面综合判断。雇佣关系存在与否是判断用人单位责任和义务帮工人致人损害时被帮工人责任的重要依据。

2.**工作人员的行为必须构成侵权**　用人单位责任以员工行为为基础，员工的行为正当，即便造成他人损害，员工依法不承担责任的，用人单位也无承担责任的基础。所以，用人单位责任必须以员工行为构成侵权为前提，此侵权应以员工为行为人作为判断标准。员工的行为符合过错责任的，由用人单位承担过错责任；员工行为符合无过错责任的，则由用人单位承担无过错责任。

3.**必须有第三人受损害的事实**　用人单位责任的损害事实要件，包括侵害人身权利和财产权利所造成的损害后果。损害事实可以是人身损害事实，也可以是精神损害事实，还可以是财产损害事实。用人单位责任以员工造成他人损害为前提，第三人没有损害的，用人单位自然也无承担责任的道理。如果雇佣行为仅造成了员工损害，则属于工伤事故责任。

4.必须是执行职务行为造成损害　用人单位工作人员的行为必须是执行职务的行为，才能构成用人单位责任。民法典第一千一百九十一条规定中使用的概念不是执行职务，而是"执行工作任务"。执行工作任务与执行职务只是表述方法不同，其实质内容是一致的。因此，只有在执行职务过程中造成损害的，才是职务行为，用人单位才有必要为工作人员造成的损害负责。工作人员虽然造成他人损害，但如果不是执行职务的行为，则用人单位不承担责任，只能由行为人自己承担责任，变成了自己责任的一般侵权行为。工作人员实施与职务无关的行为致人损害的，应当由行为人承担赔偿责任、过错责任。

（三）用人单位责任的抗辩

单纯就用人单位责任的抗辩而言，员工的行为不构成侵权自然也是用人单位的抗辩事由，但这里所说的用人单位责任的抗辩，是指在员工的行为构成侵权并承担责任时的抗辩。

（四）劳务派遣责任的构成要件

构成劳务派遣责任，应当具备以下要件。

（1）在当事人之间存在劳务派遣的劳动关系。

（2）被派遣的工作人员在执行派遣工作任务时造成他人损害。

（3）损害事实的发生与被派遣的工作人员执行工作任务有因果关系。

（4）接受派遣单位在指挥监督工作人员工作中有过失。

劳务派遣单位的过错要件的作用在于：劳务派遣单位承担补充责任，而不是确定接受派遣单位的责任。

（五）劳务派遣的责任承担

劳务派遣期间，被派遣的工作人员因执行工作任务造成他人损害的，按照下列规则承担责任。

（1）由接受劳务派遣的用工单位承担无过错的替代侵权责任。

具备前述劳务派遣责任构成要件的，承担接受派遣用工单位的责任，接受派遣用工单位应当承担赔偿责任。之所以在劳务派遣责任中不由劳务派遣单位承担责任而由接受派遣用工单位承担责任，原因在于接受派遣用工单位在支配工作人员的劳动，工作人员是在用工单位的指挥、监督下，直接为接受派遣用工单位进行劳动。

如果被派遣的工作人员因执行工作任务致人损害有过错的，则接受派遣用工单位在承担了赔偿责任之后，有权向有过错的工作人员追偿。

（2）若用工单位的赔偿能力不足，劳务派遣单位有过错的，承担与其过错相应的补充责任。

被派遣的工作人员在执行工作任务时造成他人损害，劳务派遣单位也有过错的，由于派遣单位与被派遣的工作人员之间有劳动关系，因此劳务派遣单位应当承担相应的补充责任。

劳务派遣单位的补充责任具有3个特点。

1）劳务派遣单位具有顺位利益，若用工单位的赔偿能力充足，劳务派遣单位即使具有过错，也不对外承担责任，这是"补充"二字的含义。

2）劳务派遣单位的责任是过错责任。即使用工单位赔偿能力不足，劳务派遣单位若无过错，也不承担责任，这是"过错"二字的含义。

3）劳务派遣单位有过错的，承担与其过错相应的补充责任。也就是说，并非"剩多少一定得补充赔偿多少"，而是"补充赔偿与其过错相应的数额"，这是"相应"二字的含义。

七、个人劳务责任

（一）个人劳务责任的概念和特征

个人劳务责任是一种特殊的用人者责任，是指在个人之间形成的劳务关系中，提供劳务一方因劳务活动造成他人损害，接受劳务一方应当承担替代赔偿责任的特殊侵权责任。

个人劳务责任具有以下法律特征。

（1）接受劳务一方与提供劳务一方之间具有个人劳务关系。

个人劳务责任最主要的特征在于，接受劳务一方与提供劳务一方之间具有个人劳务关系。接受劳务一方出具工资报酬，提供劳务一方出卖劳动力；换言之，接受劳务一方出具价金，提供劳务一方通过自己的劳动为接受劳务一方创造价值。不具有个人劳务关系这个特征的，如帮工、换工等，不适用个人劳务责任。

（2）提供劳务一方执行劳务活动造成的损害等于接受劳务一方的行为造成的损害，既然提供劳务一方执行劳务活动的行为就是接受劳务一方的行为，提供劳务一方在执行劳务活动时的行为造成的第三人的损害，就等于接受劳务一方的行为造成的损害。如果提供劳务一方在执行劳务活动时造成了自己的损害，则是工伤事故责任，而不是个人劳务责任。

（3）个人劳务责任的侵权责任形态是替代责任。

个人劳务责任是典型的替代责任，因为具体实施侵权行为的人是提供劳务方，而不是接受劳务一方，但是在侵权损害赔偿法律关系上，则由接受劳务一方作为损害赔偿法律关系的赔偿责任主体，被侵权人不是向实施侵权行为的提供劳务方请求赔偿，而是向接受劳务一方行使损害赔偿请求权。

（二）个人劳务责任替代责任的构成要件

（1）接受劳务一方与提供劳务一方之间须有特定关系。

（2）接受劳务一方必须处于特定地位。

（3）提供劳务一方在造成第三人的损害时应处于特定状态。

（4）接受劳务一方在主观上存在过错。

重点回顾

重点回顾

目标检测

参考答案

一、选择题

1.下列属于民事法律关系客体的是（　　）。

  A.物　　　　　　　　　　　　B.行为

  C.智力成果　　　　　　　　　　D.人

2.下列不属于合同的法律性质的是（　　）。

  A.合同是一种民事法律行为

  B.合同是两方或多方当事人意思表示一致的民事法律行为

  C.合同是以设立、变更、终止民事权利义务关系为目的的民事法律行为

  D.合同指以发生民法上的效果为目的的一切协议

3.下列关于合同关系的表述错误的是（　　）。

  A.合同关系的主体在法律上具有平等地位

  B.合同关系是相对性法律关系

  C合同关系的建立只需要双方当事人意思表示一致

  D.合同关系最能体现私法自治原则

二、思考题

1.什么是合同?

2.承担民事责任的方式有哪些?

第六章 服务行业中人身保护的法律

学习目标

1.掌握未成年人保护法保障未成年人的权利范围；通过家庭保护、学校保护、社会保护保障未成年人合法权益的相关知识。

2.熟悉妇女权益保障法中妇女依法享有的各项合法权益；老年人权益保障法中老年人依法享有的各项合法权益。

3.了解母婴保健法婚前保健、孕产期保健相关的法律常识。

第一节 未成年人保护法基本知识

一、未成年人保护法概述

（一）未成年人保护法的制定和修订

《中华人民共和国未成年人保护法》（以下简称《未成年人保护法》）是为保护未成年人身心健康，保障未成年人合法权益，促进未成年人德智体美劳全面发展，培养有理想、有道德、有文化、有纪律的社会主义建设者和接班人，培养担当民族复兴大任的时代新人，根据宪法制定的法律。

《未成年人保护法》于1991年9月4日第七届全国人民代表大会常务委员会第二十一次会议通过；2006年12月29日第十届全国人民代表大会常务委员会第二十五次会议第一次修订；根据2012年10月26日第十一届全国人民代表大会常务委员会第二十九次会议《关于修改〈中华人民共和国未成年人保护法〉的决定》修正；2020年10月17日第十三届全国人民代表大会常务委员会第二十二次会议第二次修订。自2021年6月1日起施行。修订后的《未成年人保护法》分为总则、家庭保护、学校保护、社会保护、网络保护、政府保护、司法保护、法律责任和附则，共9章132条。

（二）未成年人的定义

根据民法典和《未成年人保护法》对未成年人的定义，所谓的未成年人，是指未满18周岁的公民。凡是具有中国国籍的自然人，都是我国公民，享有法律规定的权利并承担相应的义务。

对于未成年人的行为能力，民法典第十八条规定："16周岁以上的未成年人，以自己的劳动收入为主要生活来源的，视为完全民事行为能力人。"第十九条规定："8周岁以上的未成年人为限制民事行为能力人。第二十条规定，不满8周岁的未成年人为无民事行为能力人，由其法定代理人代理实施民事法律行为。"

（三）未成年人权利概述

根据《未成年人保护法》，国家保障未成年人的生存权、发展权、受保护权、参与权等权利。

1.生存权　是指在一定社会关系和历史条件下，人们应当享有的维持正常生活所必需的基本条件的权利。它不仅包括人的生命健康、生命安全、基本自由不受侵犯，人格尊严不受凌辱，还包括个人财产不能受到侵犯。对于未成年人而言，生存权主要是指未成年人享有其固有的生命权、健康权和获得基本生活保障的权利。

2.发展权　是指个人、民族和国家积极、自由和有意义地参与政治、经济、社会和文化的发展并公平享有发展所带来的利益的权利。就未成年人而言，发展权主要是指未成年人充分发展其全部体能和智能的权利，包括未成年人接受教育的权利，以及促进其身心全面发展的各种权利。

3.受保护权　是指未成年人不受歧视、虐待和忽视的权利。

4.参与权　是指参与家庭和社会生活的权利，以及就影响其生活的事项发表意见的权利。

同时，未成年人依法平等地享有各项权利，不因本人及其父母或者其他监护人的民族、种族、性别、户籍、职业、宗教信仰、教育程度、家庭状况、身心健康状况等受到歧视。

（四）服务工作中未成年人保护的要求

服务行业从业人员在工作中会接触大量未成年人。在服务工作中，如果涉及未成年人保护的相关内容，一定要坚持最有利于未成年人保护的原则，具体来说应当符合以下要求。

1.要给予未成年人特殊、优先保护　对于被服务的未成年人，对其进行照顾和保护，为其提供周到的服务，是服务行业从业人员的工作要求。同时，未成年人相较于成年人而言属于弱势群体，心理和生理都不够成熟，自我认知能力和控制能力也有限，很容易受到伤害和侵犯，所以，不论是在工作还是在家庭生活中，一定要注重未成年人的保护。

2.要尊重未成年人的人格尊严 对于未成年人，不能进行体罚、变相体罚或者其他侮辱人格尊严的行为。

3.要保护未成年人的隐私权和个人信息 未成年人虽然一般属于无民事行为能力人或者限制民事行为能力人，但与成年公民一样具有民事权利能力，法律赋予公民的隐私权和个人信息受保护，未成年人一样享有。任何人不得私自开拆或查看未成年人的信件、日记、邮件、网上聊天记录、手机短信等个人信息，不得披露未成年人的个人隐私。

4.应当适应未成年人身心健康发展的规律和特点 未成年人和成年人不同，从生理方面看，未成年人的身体器官发育尚不成熟，较为脆弱，尤其是处于青春期的未成年人，由于身体发育加速，并渐趋成熟，特别是性成熟导致性差别明确化及性本能出现，身体各器官及功能急剧变化，此时，人们对物质、精神上的渴求极为强烈，成年人应当理解他们由于生理变化而产生的不安与困惑，并加以引导。从心理方面看，未成年人在童年时期对成年人的依恋感和依赖性较强，角色意识、自我中心意识较强；青春期的未成年人心理上渐趋成熟，独立意识产生，对成年人的依赖性减弱，情感色彩强烈，易冲动，此时未成年人的心理矛盾性明显，心理处于较复杂的状态。可以说，未成年人的成长过程就是从不成熟向成熟的过渡期，服务行业从业人员需要认识到未成年人生理、心理状况的变化，及时对未成年人予以引导和保护。

5.听取未成年人的意见 未成年人虽然没有发育成熟，但是也具有相应的认知能力，因此要注意听取未成年人的意见，避免武断地替未成年人做决定，否则，一方面会损害未成年人的知情权，另一方面也容易导致未成年人产生叛逆心理。

6.及时劝阻、制止或者检举、控告侵害未成年人的情形 任何人不论是在工作还是在生活中，发现不利于未成年人身心健康或者侵犯未成年人合法权益的情形，都有权劝阻、制止或者向公安、民政、教育等有关部门提出检举、控告。根据《未成年人保护法》第十一条的规定，国家机关、居民委员会、村民委员会、密切接触未成年人的单位及其工作人员，在工作中发现未成年人身心健康受到侵害、疑似受到侵害或者面临其他危险情形的，应当立即向公安、民政、教育等有关部门报告。因此，服务行业从业人员有必要了解未成年人保护的内容和要求，以利于在工作中履行自己的义务。

二、家庭保护

未成年人家庭保护是我国《未成年人保护法》的重要内容之一。《未成年人保护法》的"家庭保护"部分主要规定了家庭保护的内容以及不履行家庭保护义务应当承担的责任。家庭保护义务包括父母、监护人以及委托人的义务。

未成年人家庭保护的内容主要包括以下10个方面。

（1）父母或者其他监护人应当创造良好、和睦的家庭环境，依法履行对未成年人的监护职责和抚养义务，为未成年人提供生活、健康、安全等方面的保障。同时，禁止对未成年人实施家庭暴力、虐待、遗弃、非法送养；禁止歧视女性未成年人或者有残疾的未成年人。

（2）父母或者其他监护人应当关注未成年人的生理、心理状况和行为习惯，以健康的思想、良好的品行和适当的方法教育和影响未成年人，引导未成年人进行有益身心健康的活动，预防和制止未成年人的不良行为和违法犯罪行为，并进行合理管教。禁止放任、教唆或者利用未成年人实施违法犯罪行为；禁止放任、唆使未成年人参与邪教、迷信活动或者接受恐怖主义、分裂主义、极端主义等侵害；禁止放任、唆使未成年人吸烟（含电子烟）、饮酒、赌博、流浪乞讨或者欺凌他人。

（3）父母或者其他监护人应当学习家庭教育知识，正确履行监护职责，对未成年人进行安全教育，提高未成年人的自我保护意识和能力，应当及时排除引发触电、烫伤、跌落等伤害的安全隐患；教育未成年人遵守交通规则等措施，防止未成年人受到交通事故的伤害；提高户外安全保护意识，避免未成年人发生溺水、动物伤害等事故。同时，禁止放任未成年人沉迷网络，接触危害或者可能影响其身心健康的图书、报刊、电影、广播电视节目、音像制品、电子出版物和网络信息等；禁止放任未成年人进入营业性娱乐场所、酒吧、互联网上网服务营业场所等不适宜未成年人活动的场所。

（4）父母或者其他监护人应当尊重未成年人受教育的权利，必须使适龄未成年人依法入学接受并完成义务教育，不得使接受义务教育的未成年人失学、辍学。

（5）父母或者其他监护人应当保障未成年人休息、娱乐和体育锻炼的时间，引导未成年人进行有益身心健康的活动，不得允许或者迫使未成年人从事国家规定以外的劳动。

（6）父母或者其他监护人应当根据未成年人的年龄和智力发展状况，在做出与未成年人权益有关的决定时告知其本人，并听取他们的意见，包括但不限于妥善管理和保护未成年人的财产；依法代理未成年人实施民事法律行为，同时不得违法处分、侵吞未成年人的财产或者利用未成年人牟取不正当利益等。

（7）父母或者其他监护人不得允许或者迫使未成年人结婚，不得为未成年人订立婚约。

（8）父母或者其他监护人发现未成年人身心健康受到侵害、疑似受到侵害或者其他合法权益受到侵犯的，应当及时了解情况并采取保护措施；情况严重的，应当立即向公安、民政、教育等部门报告。

（9）父母离婚时，应当妥善处理未成年子女的抚养、教育、探望、财产等事宜，听取有表达意愿能力未成年人的意见。不得以抢夺、藏匿未成年子女等方式争夺抚养权。未成年人的父母离婚后，不直接抚养未成年子女的一方应当依照协议、人民法院判决或者调解确定的时间和方式，在不影响未成年人学习、生活的情况下探望未成年子女，直接抚养的一方应当配合，但被人民法院依法中止探望权的除外。

（10）父母因外出务工或者其他原因不能履行对未成年人监护职责的，应当委托有监护能力的其他成年人代为监护。需要注意的是，对于未满16周岁的未成年人，父母或其他监护人不得使其脱离监护单独生活，同时对于未满8周岁或者由于身体、心理原因需要特别照顾的未成年人，不得使其处于无人看护状态，也不得将其交由无民事行为能力、限制民事行为能力、患有严重传染性疾病或者其他不适宜的人员临时照护。

在确定委托人时，应当综合考虑委托人的道德品质、家庭状况、身心健康状况、与未成年人生活情感上的联系等情况，并听取有表达意愿能力未成年人是意见。同时，具有下列情形之一的，不得作为被委托人。

1）曾实施性侵害、虐待、遗弃、拐卖、暴力伤害等违法犯罪行为。

2）有吸毒、酗酒、赌博等恶习。

3）不履行或者长期懈怠于履行监护、照护职责。

4）其他不适宜担任被委托人的情形。

三、学校保护

未成年人学校保护，是指学校应当关心、爱护、尊重学生，引导未成年人健康成长，并使之不受到损害。

未成年人学校保护的内容主要包括以下10个方面。

（1）学校应当全面贯彻国家的教育方针，建立未成年学生保护工作制度，健全学生行为规范，培养未成年学生遵纪守法的良好行为习惯。实施素质教育，提高教育质量，注重培养未成年学生认知能力、合作能力、创新能力和实践能力，促进未成年学生全面发展。

（2）学校应当保障未成年学生受教育的权利，不得因家庭、身体、心理、学习能力等情况歧视学生。学校应当对尚未完成义务教育的辍学未成年学生进行登记并劝返复学；对家庭困难、身心有障碍的学生，应当提供关爱；对行为异常、学习有困难的学生，应当耐心帮助，不得歧视，不得违反法律和国家规定开除未成年学生。

（3）学校应当根据未成年学生身心发展的特点，对他们进行社会生活指导、心理健康辅导和青春期教育和生命教育。学校应当组织未成年学生参加与其年龄相适应的日常生活劳动、生产劳动和服务性劳动，帮助未成年学生掌握必要的劳动知识和技能，养成良好的劳动习惯。学校、幼儿园应当开展勤俭节约、反对浪费、珍惜粮食、文明饮食等宣传教育活动，帮助未成年人树立浪费可耻、节约为荣的意识，养成文明健康、绿色环保的生活习惯。

（4）学校应当与未成年学生的父母或者其他监护人互相配合，合理安排未成年学生的学习时间，保证其休息、娱乐和体育锻炼时间，不得占用国家法定节假日、休息日及寒暑假期，组织义务教育阶段的未成年学生集体补课，加重其学习负担。幼儿园、校外培训机构不得对学龄前未成年人进行小学课程教育。

（5）学校、幼儿园的教职员工应当尊重未成年人人格尊严，不得对未成年人实施体罚、变相体罚或者其他侮辱人格尊严的行为。

（6）学校、幼儿园应当建立安全制度，加强对未成年人的安全教育，完善安保设施、配备安保人员，保障未成年人在校、在园期间人身和财产安全。不得在危及未成年人人身安全、身心健康的校舍和其他设施、场所中进行教育教学活动。安排未成年人参加文化娱乐、社会实践等集体活动时，应当保护未成年人的身心健康，防止发生人身伤害事故。对于需要使用校车的学校和幼儿园，应当建立健全校车安全管理制度，配备安全管理人员，定期对校车进行安全检查，对校车驾驶人进行安全教育，并向未成年人讲解校车安全乘坐知识，培养未成年人校车安全事故应急处理技能。

（7）学校、幼儿园应当根据需要，制定应对各种自然灾害、事故灾难、公共卫生事件等突发事件的预案，配备相应设施并定期进行必要的演练。

（8）学校、幼儿园不得安排未成年人参加商业性活动，不得向未成年人及其父母或者其他监护人推销或者要求其购买指定的商品和服务，不得与校外培训机构合作为未成年人提供有偿课程辅导。

（9）学校应当建立学生欺凌防控工作制度，对教职员工、学生等开展防治学生欺凌的教育和培训。学校对学生欺凌行为应当立即制止，通知实施欺凌和被欺凌未成年学生的父母或者其他监护人参与欺凌行为的认定和处理；对相关未成年学生及时给予心理辅导、教育和引导；对相关未成年学生的父母或者其他监护人给予必要的家庭教育指导。对实施欺凌的未成年学生，学校应当根据欺凌行为的性质和程度，依法加强管教。对严重的欺凌行为，学校不得隐瞒，应当及时向公安机关、教育行政部门报告，并配合相关部门依法处理。

（10）学校、幼儿园应当建立预防性侵害、性骚扰未成年人工作制度。学校、幼儿园应当对未成年人开展适合其年龄的性教育，提高未成年人防范性侵害、性骚扰的自我保护意识和能力。对遭受性侵害、性骚扰的未成年人，学校、幼儿园应当及时采取相关的保护措施。对性侵害、性骚扰未成年人等违法犯罪行为，学校、幼儿园不得隐瞒，应当及时向公安机关、教育行政部门报告，并配合相关部门依法处理。

四、社会保护

未成年人社会保护是指社会所有组织及公民的一切社会活动，都应从有利于未成年人健康成长的角度出发，不允许任何侵害未成年人身心健康的现象存在。

未成年人社会保护的内容主要包括以下5个方面。

（1）建立和改善适合未成年人文化生活需要的活动场所和设施。爱国主义教育基地、图书馆、青少年宫、儿童活动中心、儿童之家应当对未成年人免费开放；博物馆、纪念馆、科技馆、展览馆、美术馆、文化馆、社区公益性互联网上网服务场所以及影剧院、体育场馆、动物园、植物园、公园等场所，应当按照有关规定对未成年人免费或者优惠开放。

（2）应创作或提供有益于未成年人健康成长的作品，禁止制作、复制、出版、发布、传播含有宣扬淫秽、色情、暴力、邪教、迷信、赌博、引诱自杀、恐怖主义、分裂主义、极端主义等危害未成年人身心健康内容的图书、报刊、电影、广播电视节目、舞台艺术作品、音像制品、电子出版物和网络信息等。任何组织或者个人出版、发布、传播的图书、报刊、电影、广播电视节目、舞台艺术作品、音像制品、电子出版物或者网络信息，包含可能影响未成年人身心健康内容的，应当以显著方式作出提示。

（3）禁止对未成年人实施违法犯罪行为，包括禁止拐卖、绑架、虐待、非法收条未成年人，禁止对未成年人实施性侵害、性骚扰；禁止胁迫、引诱、教唆未成年人会加黑社会性质组织或者从事违法犯罪活动；禁止胁迫、诱骗、利用未成年人乞讨。

（4）除国家另有规定外，任何组织和个人不得招用未满16周岁的未成年人。营业性娱乐场所、酒吧、互联网上网服务营业场所等不适宜未成年人活动的场所不得招用已满16周岁的未成年人。招用已满16周岁未成年人的单位和个人应当执行国家在工种、劳动时间、劳动强度和保护措施等方面的规定，不得安排其从事过重、有毒、有害等危害未成年人身心健康的劳动或者危险作业。

（5）密切接触未成年人的单位招聘工作人员的特殊规定：密切接触未成年人的单位，是指学校、幼儿园等教育机构；校外培训机构；未成年人救助保护机构、儿童福利机构等未成年人安置、救助机构；婴幼儿照护服务机构、早期教育服务机构；校外托管、临时看护机构；家政服务机构；为未成年人提供医疗服务的医疗机构；其他对未成年人负有教育、培训、监护、救助、看护、医疗等职责的企业事业单位、社会组织等。

密切接触未成年人的单位在招聘工作人员时，应当向公安机关、人民检察院查询应聘者是否具有性侵害、虐待、拐卖、暴力伤害等违法犯罪记录；发现其具有前述行为记录的，不得录用。密切接触未成年人的单位应当每年定期对工作人员是否具有上述违法犯罪记录进行查询。通过查询或者其他方式发现其工作人员具有上述行为的，应当及时解聘。密切接触未成年人的单位违反法律规定，未履行查询义务，或者招用、继续聘用具有相关违法犯罪记录人员的，由教育、人力资源和社会保障、市场监督管理等部门按照职责分工责令限期改正，给予警告，并处5万元以下罚款；拒不改正或者造成严重后果的，责令停业整顿或者吊销营业执照、吊销相关许可证，并处5万元以上50万元以下罚款，对直接负责的主管人员和其他直接责任人员依法给予处分。

第二节　妇女权益保障法基本知识

一、妇女权益保障法概述

1992年，为了保障妇女的合法权益，促进男女平等，充分发挥妇女在社会主义现代化建设中的作用，根据宪法和我国的实际情况，我国制定了第一部保护妇女权益的基本法——《中华人民共和国妇女权益保障法》（以下简称《妇女权益保障法》），这标志着我国的妇女权益保障进入了法制化的新时代，推动男女平等基本国策的落实有了更加有力的制度保证，妇女社会地位的提高有了专门的法律护航，同时，构建了以宪法为依据，以《妇女权益保障法》为主体，以民法、劳动法为支撑的妇女权益保障法律体系。

2005年8月28日，第十届全国人民代表大会常务委员会第十七次会议对《妇女权益保障法》进行了第一次修正；2018年10月26日，第十三届全国人民代表大会常务委员会第六次会议对《妇女权益保障法》进行了第二次修正；2022年10月30日第十三届全国人民代表大会常务委员会第三十七次会议修订。《妇女权益保障法》自2023年1月1日起施行。

《妇女权益保障法》明确规定，男女平等是国家的基本国策。妇女在政治的、经济的、文化的、社会的和家庭的生活等各方面享有同男子平等的权利。国家采取必要措施，促进男女平等，消除对妇女一切形式的歧视。国家保护妇女依法享有的特殊权益。禁止歧视、虐待、遗弃、残害妇女。

妇女的合法权益受到侵害的，可以向妇女组织投诉，妇女组织应当维护被侵害妇女的合法权益，有权要求并协助有关部门或者单位查处。有关部门或者单位应当依法查处，并予以答复。受害妇女进行诉讼需要帮助的，妇女组织应当给予支持。

妇女联合会或者相关妇女组织对侵害特定妇女群体利益的行为，可以通过大众传播媒介揭露、批评，并有权要求有关部门依法查处。

二、政治权利

妇女政治权利的保障主要包括以下6个方面。

（1）政治权利是各项权利中最重要、最关键的部分，要想实现真正的男女平等，最核心也是最重要的是实现权利上的男女平等。根据《妇女权益保障法》，国家保障妇女享有与男子平等的政治权利。

（2）强调对妇女管理国家、社会事务权的保障，主要体现在强调妇女有权通过各种途径和形式，管理国家事务，管理经济和文化事业，管理社会事务。妇女和妇女组织有权向各级国家机关提出妇女权益保障方面的意见和建议。

（3）注重对妇女选举权和被选举权的保障，不仅强调了妇女享有与男子平等的选举权和被选举权，同时明确规定全国人民代表大会和地方各级人民代表大会的代表中，应当有适当数量的妇女代表。为了进一步保障妇女的政治权利，还明确要求国家应当采取措施，逐步提高全国人民代表大会和地方各级人民代表大会的妇女代表的比例，在居民委员会、村民委员会成员中，妇女也应当有适当的名额。

（4）给予妇女参政权特别保障，主要体现在国家积极培养和选拔女干部。国家机关、群团组织、企业事业单位培养、选拔和任用干部，不仅要坚持男女平等的原则，还必须有适当数量的妇女担任领导成员。同时，国家重视培养和选拔少数民族女干部。

（5）加强妇女联合会在妇女参政中的作用，主要体现在中华全国妇女联合会和地方各级妇女联合会代表妇女积极参与国家和社会事务的民主决策、民主管理和民主监督。同时，各级妇女联合会及其团体会员，可以向国家机关、社会团体、企业事业单位推荐女干部。

（6）为了保障妇女的政治权利不受侵害，明确规定侵犯妇女政治权利所负的法律责任。对于有关侵害妇女权益的申诉、控告和检举，有关部门必须查清事实，负责处理，任何组织或者个人不得压制或者打击报复。

三、文化教育权益

文化教育权益主要包括受教育权和进行科学研究、文学艺术创作和其他文化活动的自由。文化教育权益是宪法赋予公民的基本权利之一，国家保障妇女享有与男子平等的文化教育权益。

妇女文化教育权益的保障主要包括以下5个方面。

（1）父母或者其他监护人应当履行保障适龄女性未成年人接受并完成义务教育的义务。对无正当理由不送适龄女性未成年人入学的父母或者其他监护人，由当地乡镇人民政府或者县级人民政府教育行政部门给予批评教育，依法责令其限期改正。居民委员会、村民委员会应当协助政府做好相关工作。政府、学校应当采取有效措施，解决适龄女性未成年人就学存在的实际困难，并创造条件，保证适龄女性未成年人完成义务教育。

（2）学校和有关部门应当执行国家有关规定，保障妇女在入学、升学、授予学位、派出留学、就业指导和服务等方面享有与男子平等的权利。学校在录取学生时，除国家规定的特殊专业外，不得以性别为由拒绝录取女性或者提高对女性的录取标准。各级人民政府应当采取措施，保障女性平等享有接受中高等教育的权利和机会。

（3）各级人民政府应当依照规定把扫除妇女中的文盲、半文盲工作，纳入扫盲和扫盲后继续教育规划，采取符合妇女特点的组织形式和工作方法，组织、监督有关部门具体实施。

（4）国家健全全民终身学习体系，为妇女终身学习创造条件。各级人民政府和有关部门应当采取措施，根据城镇和农村妇女的需要，组织妇女接受职业教育和实用技术培训。

（5）国家机关、社会团体和企业事业单位应当执行国家有关规定，保障妇女从事科学、技术、文学、艺术和其他文化活动，享有与男子平等的权利。

四、劳动和社会保障权益

劳动权，即有劳动能力的公民享有的参与社会劳动和领取相应报酬的权利，劳动权是获得生存权的必要条件，没有劳动权，生存权利也难以得到保障。而社会保障权益则是指个人和家庭在遭受工伤、职业病、失业、疾病和老年时期，可以获得政府和社会的保障，以维持一定的固定收入并获得其他各种补助的权益。

对于劳动权和社会保障权益，妇女和男子平等。女性在服务行业服务员中占据较大比例，更应当注重对自身劳动权和社会保障权益的保护。具体而言，包括享有平等的就业权、同工同酬、平等的发展权以及特别保护。

1.平等的就业权　是指单位在录用职工时，除不适合妇女的工种或者岗位外，不得以性别为由拒绝录用妇女或者提高对妇女的录用标准。用人单位在录用职工时，应当依法与其签订劳动（聘用）合同或者服务协议，劳动（聘用）合同者服务协议中不得规定限制女职工结婚、生育的内容。

2.同工同酬　是指妇女在享受福利待遇方面享有与男子平等的权利。对于女性劳动者，用人单位不能因性别原因，在福利待遇方面差别对待。同时，用人单位不得因结婚、怀孕、产假和哺乳等情形降低女职工的工资。

3.平等的发展权　是指在晋职、晋级、评定专业技术职务等方面，不得歧视妇女。

4.特别保护　对于女职工在劳动中因生理特点造成的特殊困难，要给予特别保护。妇女在经期、孕期、产期、哺乳期受特殊保护。同时，用人单位应当依法保护妇女在工作和劳动时的安全和健康，不得安排不适合妇女从事的工作和劳动。

任何单位，不得因结婚、怀孕、产假、哺乳等情形降低女职工的工资、辞退女职工、单方解除劳动（聘用）合同或者服务协议。但是，女职工要求终止劳动（聘用）合同或者服务协议的除外。各单位在执行国家退休制度时，不得以性别为由歧视妇女。

五、财产权益

妇女和男子享有同等的财产权益。在夫妻共同财产、家庭共有财产关系中，不得侵害妇女依法享有的权益。

《妇女权益保障法》规定，妇女在农村集体经济组织成员身份确认、土地承包经营、集体经济组织收益分配、土地征收补偿安置或者征用补偿以及宅基地使用等方面，享有与男子平等的权利。

受重男轻女等传统观念的影响，部分地区以出嫁、离婚、丧偶等理由剥夺妇女的土地承包权益，或者对男女进行不平等分配，有的地方还存在违反法律规定，一旦男方到女方家落户，全家都享受不到平等的土地承包权益的情形，这使得妇女及其子女难以享有基本的生产资料和生活保障，甚至在土地征收完毕后，丧失了基本的生产生活资料，无法继续生存和发展，进而导致贫困，影响了农村的可持续发展和男女平等政策的落实。

因此，《妇女权益保障法》规定，申请农村土地承包经营权、宅基地使用权等不动产登记，应当在不动产登记簿和权属证书上将享有权利的妇女等家庭成员全部列明。征收补偿安置或者征用补偿协议应当将享有相关权益的妇女列入，并记载权益内容。村民自治章程、村规民约、村民会议、村民代表会议的决定以及其他涉及村民利益事项的决定，不得以妇女未婚、结婚、离婚、丧偶、户无男性等为由，侵害妇女在农村集体经济组织中的各项权益。

因结婚男方到女方住所落户的，男方和子女享有与所在地农村集体经济组织成员平等的权益。妇女在农村集体经济组织中的各项权益受到侵犯，可以由乡镇人民政府依法调解；受害人也可以依法向农村土地承包仲裁机构申请仲裁，或者向人民法院起诉，人民法院应当依法受理。

妇女享有与男子平等的财产继承权，在同一顺序法定继承人中，不得歧视妇女，丧偶妇女有权处分继承的财产，任何组织和个人不得干涉。丧偶儿媳对公婆尽了主要赡养义务的，作为第一顺序继承人，其继承权不受子女代位继承的影响。

六、婚姻家庭权益

国家保障妇女享有与男子平等的婚姻家庭权利。

1.婚姻自主权 妇女具有婚姻自主权，不得干涉妇女的结婚、离婚自由。我国实行婚姻自由的原则，但是在女性怀孕期间离婚的，女性享受特殊保护。女方在怀孕期间、分娩后1年内或者终止妊娠后6个月内，男方不得提出离婚；但是，女方提出离婚或者人民法院认为确有必要受理男方离婚请求的除外。

2.妇女家庭暴力的救济 家庭暴力简称家暴，是指发生在家庭成员之间的，以殴打、捆绑、禁闭、残害或者其他手段对家庭成员从身体、心理、性等方面进行伤害和摧残的行为。家暴不仅限于男性对女性，女性对男性、父母对子女或者对自己的亲兄弟姐妹施暴也是家庭暴力。县级以上人民政府有关部门、司法机关、社会团体、企业事业单位、基层群众性自治组织以及其他组织，应当在各自的职责范围内预防和制止家庭暴力，依法为受害妇女提供救助。

第三节 老年人权益保障法基本知识

一、老年人权益保障法概述

《中华人民共和国老年人权益保障法》（以下简称《老年人权益保障法》）是为了保障老年人合法权益，发展老龄事业，弘扬中华民族敬老、养老、助老的美德而制定的。老年人权益保障不仅仅是个人和家庭的问题，还涉及政治、文化、社会等领域，甚至关系到民族兴衰和国家的长治久安。《老年人权益保障法》对于维护老年人合法权益，进而构建和谐稳定的社会关系具有重要意义。

从概念上来说，老年人是指60周岁以上的公民。

二、老年人的权益

根据《老年人权益保障法》的规定，老年人享有包括从国家和社会获得物质帮助的权利、享受社会服务和社会优待的权利、参与社会发展的权利、获得赡养的权利、婚姻自由的权利、继承的权利、财产所有权、人身受保护的权利和接受继续教育的权利。

（一）从国家和社会获得物质帮助的权利

具体包括国家帮助和社会帮助两个方面。

1. 国家帮助 包括以下8个方面。

（1）国家实行基本养老保险制度，以保障老年人的基本生活。

（2）国家实行基本医疗保险制度，以保障老年人的基本医疗需要。同时，对于享受最低生活保障的老年人和符合条件的低收入家庭中的老年人，其参加新型农村合作医疗和城镇居民基本医疗保险所需个人缴费部分，由政府给予补贴。有关部门制定医疗保险办法，应当对老年人给予照顾。

（3）国家逐步开展长期护理保障工作，保障老年人的护理需求，对生活长期不能自理、经济困难的老年人，由地方各级人民政府给予护理补贴。

（4）对经济困难的老年人给予基本生活、医疗、居住或者其他救助。

（5）老年人无劳动能力、无生活来源、无赡养人和扶养人，或者赡养人和扶养人无赡养能力或者扶养能力的，由地方各级人民政府依照有关规定给予供养或者救助。

（6）对流浪乞讨、遭受遗弃等生活无着落的老年人，由地方各级人民政府依照相关规定给予救助。

（7）实施廉租住房、公共租赁住房等住房保障制度或者进行危旧房屋改造时对老年人予以优先照顾。

（8）国家建立和完善老年人福利制度，根据经济社会发展水平和老年人的实际需要，增加老年人的社会福利，并根据经济发展以及职工平均工资增长、物价上涨等情况，适时提高养老保障水平。

2.社会帮助 包括以下2个方面。

（1）慈善组织以及其他组织和个人为老年人提供物质帮助。

（2）老年人可以与集体经济组织、基层群众性自治组织、养老机构等组织或者个人签订遗赠扶养协议或者其他扶助协议。负有扶养义务的组织或者个人按照遗赠扶养协议，承担该老年人生养死葬的义务，享有受遗赠的权利。

（二）享受社会服务和社会优待的权利

享受社会服务，主要是指老年人享受由政府或社会组织为满足其基本生活、日常照顾服务、医疗保健等方面的基本需要而提供的各种相关服务的权利。享受社会优待，主要是指老年人享受政治、经济上对其给予的优待的权利。

1.社会服务 主要包括以下10个方面。

（1）地方各级人民政府和有关部门应当采取措施，发展城乡社区养老服务，鼓励、扶持专业服务机构及其他组织和个人，为居家的老年人提供生活照料、紧急救援、医疗护理、精神慰藉、心理咨询等多种形式的服务。同时，地方各级人民政府应当对经济困难的老年人逐步给予养老服务补贴。

（2）地方各级人民政府和有关部门、基层群众性自治组织，应当将养老服务设施纳入城乡社区配套设施建设规划，建立适应老年人需要的生活服务、文化体育活动、日间照料、疾病护理与康复等服务设施和网点，就近为老年人提供服务。

（3）各级人民政府和有关部门在财政、税费、土地、融资等方面采取措施，鼓励、扶持企业事业单位、社会组织或者个人兴办、运营养老、老年人日间照料、老年文化体育活动等设施。

（4）地方各级人民政府和有关部门应当按照老年人口比例及分布情况，将养老服务设施建设纳入城乡规划和土地利用总体规划，统筹安排养老服务设施建设用地及所需物资。

公益性养老服务设施用地，可以依法使用国有划拨土地或者农民集体所有的土地。养老服务设施用地，非经法定程序不得改变用途。

（5）政府投资兴办的养老机构，应当优先保障经济困难的孤寡、失能、高龄等老年人的服务需求。

（6）国家鼓励养老机构投保责任保险，鼓励保险公司承保责任保险。

（7）各级人民政府和有关部门应当将老年医疗卫生服务纳入城乡医疗卫生服务规划，将老年人健康管理和常见病预防等纳入国家基本公共卫生服务项目。鼓励为老年人提供保健、护理、临终关怀等服务。

（8）国家采取措施，加强老年医学的研究和人才培养，提高老年病的预防、治疗、科研水平，促进老年病的早期发现、诊断和治疗。

（9）国家和社会采取措施，开展各种形式的健康教育，普及老年保健知识，增强老年人自我保健意识。

（10）国家采取措施，发展老龄产业，将老龄产业列入国家扶持行业目录。扶持和引导企业开发、生产、经营适应老年人需要的用品和提供相关的服务。

2.社会优待　主要包括以下8个方面。

（1）县级以上人民政府及其有关部门应当根据经济社会发展情况和老年人的特殊需要，制定优待老年人的办法，逐步提高优待水平。

（2）各级人民政府和有关部门应当为老年人及时、便利地领取养老金、结算医疗费和享受其他物质帮助提供条件。

（3）各级人民政府和有关部门办理房屋权属关系变更、户口迁移等涉及老年人权益的重大事项时，应当就办理事项是否为老年人的真实意思表示进行询问，并依法优先办理。

（4）老年人因其合法权益受侵害提起诉讼交纳诉讼费确有困难的，可以缓交、减交或者免交；需要获得律师帮助，但无力支付律师费用的，可以获得法律援助。鼓励律师事务所、公证处、基层法律服务所和其他法律服务机构为经济困难的老年人提供免费或者优惠服务。

（5）医疗机构应当为老年人就医提供方便，对老年人就医予以优先。有条件的地方，可以为老年人设立家庭病床，开展巡回医疗、护理、康复、免费体检等服务，并提倡为老年人义诊。

（6）城市公共交通、公路、铁路、水路和航空客运，应当为老年人提供优待和照顾。

（7）博物馆、美术馆、科技馆、纪念馆、公共图书馆、文化馆、影剧院、体育场馆、公园、旅游景点等场所，应当对老年人免费或者优惠开放。

（8）农村老年人不承担兴办公益事业的酬劳义务。

（三）参与社会发展的权利

保障老年人继续劳动的权利，主要体现在鼓励和保障老年人发挥自己的价值，参与社会发展。

老年人继续劳动权利的保障主要包括以下5个方面。

（1）国家和社会应当重视、珍惜老年人的知识、技能、经验和优良品德，发挥老年人的专长和作用，保障老年人参与经济、政治、文化和社会生活。

（2）老年人可以通过老年人组织，开展有益身心健康的活动。

（3）在制定法律、法规、规章和公共政策时，涉及老年人权益重大问题的，应当听取老年人和老年人组织的意见。老年人和老年人组织有权向国家机关提出老年人权益保障、老龄事业发展等方面的意见和建议。

（4）国家为老年人参与社会发展创造条件，鼓励老年人对青少年和儿童进行社会主义、爱国主义、集体主义和艰苦奋斗等优良传统教育；传授文化和科技知识；提供咨询服务；依法参与科技开发和应用；依法从事经营和生产活动；参加志愿服务、兴办社会公益事业；参与维护社会治安、协助调解民间纠纷；参加其他社会活动等。

（5）老年人参加劳动的合法收入受法律保护，且不得安排老年人从事危害身心健康的劳动或者危险作业。

（四）获得赡养的权利

老年人养老，应当以居家为基础，以社区为依托并以机构为支撑。对老年的赡养，不仅包括对老年人经济上的供养、生活上的照料，还包括精神上的安慰。赡养人是指老年人的子女以及其他依法负有赡养义务的人。赡养人的配偶应当协助赡养人履行赡养义务。

老年人获得赡养权利的保障具体包括以下9个方面。

（1）赡养人应当使患病的老年人及时得到治疗和护理；对经济困难的老年，应当提供医疗费用。

（2）对生活不能自理的老年人，赡养人应当承担照料责任；不能亲自照料的可以按照老年人的意愿委托他人或者养老机构等照料。

（3）赡养人应当妥善安排老年人的住房，不得强迫老年人居住或者迁居条件低劣的房屋。老年人自有的或者承租的住房，子女或者其他亲属不得侵占，不得擅自改变产权关系或者租赁关系。老年人自有的住房，赡养人有维修的义务。

（4）赡养人有义务耕种或者委托他人耕种老年人承包的田地，照管或者委托他人照管老年人的林木和牲畜等，收益归老年人所有。

（5）家庭成员应当关心老年人的精神需求，不得忽视、冷落老年人。与老年人分开居住的家庭成员，应当经常看望或者问候老年人。

（6）赡养人不得以放弃继承权或者其他理由，拒绝履行赡养义务。赡养人不履行赡养义务，老年人有要求赡养人付给赡养费等权利。赡养人不得要求老年人承担力不能及的劳动。

（7）经老年人同意，赡养人之间可以就履行赡养义务签订协议。赡养协议的内容不得违反法律的规定和老年人的意愿。

（8）老年人与配偶有相互扶养的义务。由兄、姐扶养的弟、妹成年后，有负担能力的，对年老无赡养人的兄、姐有扶养的义务。

（9）赡养人、扶养人不履行赡养、扶养义务的，基层群众性自治组织、老年人组织或者赡养人、扶养人所在单位应当督促其履行。

（五）婚姻自由的权利

老年人的婚姻自由受法律保护。子女或者其他亲属不得干涉老年人离婚、再婚及婚后的生活。同时，赡养人的赡养义务不因老年人的婚姻关系变化而消除。

（六）继承的权利

老年人有依法继承父母、配偶、子女或者其他亲属遗产的权利，有接受赠与的权利。子女或者其他亲属不得侵占、抢夺、转移、隐匿或者损毁应当由老年人继承或有接受赠与的财产。老年人以遗嘱处分财产，应当依法为老年配偶保留必要的份额。

（七）财产所有权

老年人对个人的财产，依法享有占有、使用、收益和处分的权利，子女或者其他亲属不得干涉，不得以窃取、骗取、强行索取等方式侵犯老年人的财产权益。

（八）人身受保护的权利

老年人的人身权利，包括生命健康权、隐私权、肖像权等受到法律保护。同时法律特别强调禁止对老年人实施家庭暴力。

（九）接受继续教育的权利

老年人有继续受教育的权利。国家发展老年教育，把老年教育纳入终身教育体系，鼓励社会办好各类老年学校。各级人民政府对老年教育应当加强领导，统一规划，加大投入。

三、老年人的权益救济

老年人的权益受到侵害时，可以依法寻求保障。《老年人权益保障法》第七十三条明确规定，老年人合法权益受到侵害的，被侵害人或者其代理人有权要求有关部门处理，或者依法向人民法院提起诉讼。人民法院和有关部门，对侵犯老年人合法权益的申诉、控告和检举，应当依法及时受理，不得推诿、拖延。

1.养老机构及其工作人员 养老机构及其工作人员侵害老年人人身和财产权益，或者未按照约定提供服务的，依法承担民事责任；有关主管部门依法给予行政处罚；构成犯罪的，依法追究刑事责任。

对养老机构负有管理和监督职责的部门及其工作人员滥用职权、玩忽职守、徇私舞弊的，对直接负责的主管人员和其他直接责任人员依法给予处分；构成犯罪的，依法追究刑事责任。

2.其他 侮辱、诽谤老年人，构成违反治安管理行为的，依法给予治安管理处罚；构成犯罪的，依法追究刑事责任。

不按规定履行优待老年人义务的，由有关主管部门责令改正。

涉及老年人的工程不符合国家规定的标准或者无障碍设施所有人、管理人未尽到维护和管理职责的，由有关主管部门责令改正；造成损害的，依法承担民事责任，对有关单位、个人依法给予行政处罚；构成犯罪的，依法追究刑事责任。

➡️ **岗位情境模拟**

情景描述： 刘大爷今年75岁，不会使用电子移动支付，在某中心办理业务后，中心不收取现金，要求刘大爷必须电子移动支付。

请问： 该中心的规定合法吗？如果再遇到这种情况，应该怎么处理？

参考答案： 该中心不收取现金，必须电子支付的规定不合法，违反了《中华人民共和国管理条例》。如果工作中遇到这种情况，应该告知该中心不收现金的规定是违法的，应及时取消该规定，保障现金的流通和老年人的权益。

第四节　母婴保健法基本知识

一、母婴保健法概述

为了保障母亲和婴儿健康，提高出生人口素质，根据宪法制定的《中华人民共和国母婴保健法》（以下简称《母婴保健法》）。根据本法规定，国家发展母婴保健事业，提供必要条件和物质帮助，使母亲和婴儿获得医疗保健服务。各级人民政府领导母婴保健工作，国务院卫生行政部门主管全国母婴保健工作，根据不同地区情况提出分级分类指导原则，并对全国母婴保健工作实施监督管理。

《母婴保健法》于1994年10月27日第八届全国人民代表大会常务委员会第十次会议通过；根据2009年8月27日第十一届全国人民代表大会常务委员会第十次会议第一次修正；根据2017年11月4日第十二届全国人民代表大会常务委员会第三十次会议第二次修正。分为总则、婚前保健、孕产期保健、技术鉴定、行政管理、法律责任、附则，共7章39条。

二、婚前保健

婚前保健的内容包括：婚前卫生指导，关于性卫生知识、生育知识和遗传病知识的教育；婚前卫生咨询，对有关婚配、生育保健等问题提供医学意见；婚前医学检查，对准备结婚的男女双方可能患影响结婚和生育的疾病进行医学检查。尤其是关于婚前医学检查，主要是检查是否有严重遗传性疾病、指定传染病（艾滋病、淋病等）和有关精神病（精神分裂症等）。如果有指定传染病在传染期内或者有关精神病在发病期内的，应当提出医学意见让男女双方暂缓结婚；对诊断患医学上认为不宜生育的严重遗传性疾病的，医师应当向男女双方说明情况，提出医学意见，经男女双方同意，采取长效避孕措施或者施行结扎手术后不生育的，可以结婚。

1.婚前保健服务　医疗保健机构应当为公民提供婚前保健服务。婚前保健服务包括下列内容。

（1）婚前卫生指导　关于性卫生知识、生育知识和遗传病知识的教育。

（2）婚前卫生咨询　对有关婚配、生育保健等问题提供医学意见。

（3）婚前医学检查　对准备结婚的男女双方可能患影响结婚和生育的疾病进行医学检查。

2.疾病检查　婚前医学检查，包括对下列疾病的检查。

（1）严重遗传性疾病。

（2）指定传染病。

（3）有关精神病。

经婚前医学检查，医疗保健机构应当出具婚前医学检查证明。

3.暂缓结婚　经婚前医学检查，对患有指定传染病在传染期内或者有关精神病在发病期内的，医师应当提出医学意见；准备结婚的男女双方应当暂缓结婚。

4.不宜生育　经婚前医学检查，对诊断患医学上认为不宜生产的严重遗传性疾病的，医师应当向男女双方说明情况，提出医学意见，经男女双方同意，采取长效避孕措施或者实行结扎手术后不生育的，可以结婚。但《中华人民共和国婚姻法》规定禁止结婚的除外。

5.医学技术鉴定　接受婚前医学检查的人员对检查结果持有异议的，可以申请医学技术鉴定，取得医学鉴定证明。

6.结婚登记　男女双方在结婚登记时，应当持有婚前医学检查证明或医学鉴定证明。

三、孕产期保健

1.孕产期保健服务内容　医疗保健机构应当为育龄妇女和孕产妇提供孕产期保健服务。孕产期保健服务包括下列内容。

（1）母婴保健指导　对孕育健康后代以及严重遗传性疾病和碘缺乏病等地方的发病原因、治疗和预防方法提供医学意见。

（2）孕妇、产妇保健　为孕妇、产妇提供卫生、营养、心理等方面的咨询和指导以及产前定期检查等医疗保健服务。

（3）胎儿保健　为胎儿生长发育进行监护，提供咨询和医学指导。

（4）新生儿保健　为新生儿生长发育、哺乳和护理提供医疗保健服务。

2.医学指导　对患严重疾病或接触致畸物质，妊娠可能危及孕妇生命安全或者可能影响孕妇健康和胎儿正常发育的，医疗保健机构应当予以医学指导。

3.医学意见　医师发现或者怀疑患严重遗传性疾病的育龄夫妻，应当提出医学意见，育龄夫妻应当根据医师的医学意见采取相应的措施。

4.胎儿异常　经产前检查，医师发现或怀疑胎儿异常的，应当对产妇进行产前诊断。

5.终止妊娠　经产前诊断，有下列情形之一的，医师应当向夫妻双方说明情况，并提出终止妊娠的医学意见。

（1）胎儿患严重遗传性疾病的。

（2）胎儿有严重缺陷的。

（3）因患严重疾病，继续妊娠可能危及孕妇生命安全或者严重危害孕妇健康的。

6.医学检查　生育过严重缺陷患儿的妇女再次妊娠前，夫妻双方应当县级以上医疗保健机构接受医学检查。

7.产伤预防　医师和助产人员应当严格遵守有关操作规程，提高助产技术和服务质量，预防和减少产伤。

四、鉴定组织和对象

1.鉴定组织　县级以上地方人民政府可以设立医学鉴定组织，负责对婚前医学检查、遗传病诊断和产前诊断结果有异议的进行医学鉴定。严禁采用技术手段对胎儿进行性别鉴定，但医学上确有需要的除外。

2.**鉴定人员**　从事医学技术鉴定的人员，必须具有临床经验和医学遗传学知识，并具有主治医师以上的专业技术职务。医学技术鉴定组织的组成人员，由卫生行政部门提名，同级人民政府聘任。

五、法律责任

1.**无证从业行为**　未取得国家颁发的有关合格证书的，有下列行为之一，县级以上地方人民政府卫生行政部门应当予以制止，并可以根据情节予以警告或者处以罚款。

（1）从事婚前医学检查、遗传病诊断、产前诊断或者医学技术鉴定的。

（2）实行终止妊娠手术的。

（3）出具本法规定的有关医学证明的。

2.**刑事责任对象**　未取得国家颁发的有关合格证书，实行终止妊娠手术或者采取其他方法终止妊娠，致人死亡、残疾、丧失或者基本丧失能力的，依照刑法有关规定追究刑事责任。

3.**执业人员违法**　从事母婴保健工作的人员违反《母婴保健法》规定，出具有关虚假医学证明或者进行胎儿性别鉴定的，由医疗保健机构或者卫生行政部门根据情节给予行政处分；情节严重的，依法取消执业资格。

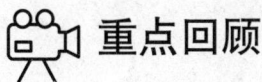 重点回顾

重点回顾

参考答案

一、选择题

1.根据我国《老年人权益保障法》规定，老年人是指年龄在（　　）周岁以上的公民。

A. 45　　　　　　　　　　B. 50

C. 55　　　　　　　　　　D. 60

2.老年人的合法权益包括（　　）。

A.获得家庭赡养与扶养的权利　　B.获得社会保障的权利

C.参与社会发展的权利　　　　　D.受监护权

3.国家依法保护老年人的合法权益，禁止（　　）。

A.打骂 B.虐待

C.侮辱 D.歧视

二、思考题

1.我国《未成年人保护法》保护未成年人的哪些权利?

2.妇女权益包括哪些?

第七章　服务行业法律案例

学习目标

1.掌握服务行业的相关保险、互联网平台经济下的消费者权益保护以及服务行业从业人员权益保护。

2.熟悉服务行业从业人员刑事犯罪相关案例，引发警戒之心。

3.了解我国服务领域诚信体系建设的情况，培养法律意识，规范自己行为，保护自己和他人合法权益。

第一节　保险法案例与相关保险

一、保险法案例与分析

服务行业中在购买保险方面，最为特殊的应当属家政服务员，因为服务行业从业人员属于灵活就业的范畴。家政服务员最关心的问题一般是雇主或公司是否为她（他）买了保险。属于灵活就业的服务行业从业人员最希望能购买社会保险，就如果不能购买社会保险，只能寻求雇主或家政公司为其购买商业保险。下面我们通过一个典型案例引出相关讨论。

——家政人员能参加社会保险吗？

【案情介绍】

小尹在一家家政公司下挂名应聘家政人员，于2022年被陈医生的家庭雇用。一次小尹得了一场重病，医疗费花去她大半的积蓄，陈医生很关心小尹，并给予了很大帮助。为了减轻小尹的医药负担，陈医生跟小尹讲了讲社会保险的事情。社会保险包括养老保险、医疗保险等类型，养老保险就是在工作的时候每月交纳保险费，将来到了退休年龄就可以按月领取养老金；医疗保险也是每日缴纳医疗保险费，在看病时就有医疗保险机构来承担部分的医疗费用了。小尹听后去当地社保经办机构咨询了有关基本医疗保险的事情。社保经办机构告诉小尹，根据我国法律，家政服务人员还不能适用劳动法，因此其与家政公司不能按照存在劳动关系来要求家政公司为小尹办理基本医疗保险。不过根据社会保险法，"未在用人单位参加职工基本医疗保险的非全日制从业人员以及其他灵活就业人员可以参加职工基本医疗保险，由个人按照国家规定缴纳基本医疗保险费"。因此，小尹完全可以灵活就业人员的身份来参加城镇职工基本医疗保险，不过需要小尹自己缴纳基本医疗保险费，由于没有单位承担，她自己需要承担较多的费用。小尹认真思考了一下，觉得自己工作收入比较低，参加城镇职工基本医疗保险压力太大，何况自己总是要回到家乡的，便决定不参加城镇职工基本医疗保险了。

【案例分析】

1995年8月《关于贯彻执行〈中华人民共和国劳动法〉若干问题的意见》中明确规定农村劳动者（乡镇企业职工和进城务工、经商的农民除外）、现役军人和家庭保姆等不适用劳动法。由此可以得出，不适用劳动法保护的家政服务员，同样不能适用社会医疗保险的强制性规定。2010年颁布的社会保险法所构建的社会保险体系，即由城镇职工险、城镇居民险、公务员保险和新型农村保险所形成的"全覆盖"系统，出现了对家政服务员、快递小哥等灵活就业群体、新就业形态从业者工伤保障缺失的一个"盲点"。结合本案，小尹作为家政服务人员，其与家政公司以及其与陈医生之间的关系都不是劳动关系，所以，小尹是不能以职工身份参加城镇职工基本医疗保险的。

《社会保险法》第二十三条规定："无雇工的个体工商户、未在用人单位参加职工基本医疗保险的非全日制从业人员以及其他灵活就业人员可以参加职工基本医疗保险，由个人按照国家规定缴纳基本医疗保险费。"换言之，家政服务人员完全可以通过灵活就业人员的身份来参加城镇职工基本医疗保险，但困难之处在于，由于找不到单位或公司出资，需要家政服务人员为自己缴纳基本医疗保险费，这样就要承担较多费用。

结合本案，根据我国现行法律规定，非员工制的家政服务人员并未被纳入适用劳动法的主体范围，因此不能按照存在劳动关系来要求家政公司为小尹办理基本医疗保险。但由于社会保险法现有规定的法律允许，小尹完全可以按照灵活就业人员的身份来参加城镇职工基本医疗保险，只不过由于以个人身份参加基本医疗保险需要其承担较多的费用。

【相关启示】

2023年，李克强总理在《政府工作报告》中10次提及保险，保民生和经济的保险再次成为关注焦点。其中，关于社会保险，继续对灵活就业人员给予社保补贴，推动放开在就业地参与社会保险的户籍限制，完善全国统一的社会保险公共服务平台。这将进一步改善家政服务人员社会保险不充分、社会保障不到位的现状。

近年来，已有互联网家政服务公司或互联网信息服务接入的家政服务机构、组织，尝试通过购买商业保险的方式为家政服务人员的合法权益提供保护。如服务人员意外伤害责任险的保障项目包括了服务人员工作中的意外伤、亡、残，服务人员上下班途中意外受伤等情形。

一般商业保险是以消费者损失为主险，附加医疗责任、附加财产损失责任、附加服务人员意外伤害责任为附加险。第三者因服务过失、错误或疏忽而身故、残疾、受伤害、引起财产损失的，也都在保障之列。

二、家政服务责任综合保险

（一）家政服务责任综合险介绍

家政服务责任综合保险的保险目的，是化解雇主（消费者、用户）和家政服务人员在家政服务过程中发生意外伤害事故的风险。在保险有效期内可免费提供保险换人、理赔。由雇主可以通过邮局、银行或保险公司购买此保险。

（二）家政服务综合保险的特点

1.保费低廉，保额较高　年保费低廉，获较高赔付。

2.雇主豁免风险，家政人员得到保障　当雇主雇用的家政服务人员在本市从事家政服务过程中发生意外伤害时，雇主就可以向保险公司申请理赔，以化解自身的赔偿风险。保险公司将依据发生意外伤害的家政服务人员伤残等级确定赔付额，保险金由家政服务人员本人或其法定继承人签收。

3.涵盖本市家政服务的各种形式　家政服务综合保险由雇主购买，雇主可以是本市户籍、外省市户籍或持有合法境外护照及签证的外籍人员；雇主雇用的家政服务人员可以是本市户籍，也可以是外省市户籍；可以是全日工，也可以是钟点工。

（三）家政人员综合保险案例

各商业保险公司纷纷推出此类保险。下面，以××家政人员综合险为例做一介绍。

名称：××家政人员综合险

保险目的：保障家政人员在雇佣期间，遭受意外伤害事故，而应当雇主承担的经济赔偿责任，以及因疏忽、过失行为造成雇主的财产损失或人身伤害。

保险金额报价：69元/份起

保险产品特色：专为家政服务人员设计，防止家政人员发生意外及由家政人员的责任造成的雇主损失。最高一年可以享受12万元保额。

家政人员综合险详情

险种	保险责任	A方案	B方案	C方案
家政人员主责任险	家政人员意外伤害	10万	10万	10万
	家政人员意外伤害医疗	2万	2万	2万
家政人员失职险	雇主意外伤害	–	10万	30万
	雇主意外伤害医疗（每次事故绝对免赔100元或损失金额5%，以高者为准）	–	2万	3万
	雇主财产损失（每次事故绝对免赔300元或损失金额5%，以高者为准）	–	1万	2万
	保费	69元	199元	299元

××家政人员综合险由××保险公司承保与理赔。

第二节　法律主体的权利保护案例

一、互联网平台经济下的消费者权益保护

——雇主与家政平台外派服务员之间究竟是什么关系？

【案情介绍】

2020年1月，王女士通过某家政平台聘请了一位家政服务员，其在使用该平台的APP时预存了50000元，其中包括家政服务员半年的工资和6500元的会员费。按照规定，每个月20日是工资结算日，但是自2020年年初至6月，该家政服务员从未收到过工资。其实2020年1月，王女士便已向平台负责自己业务的工作人员发微信询问何时可以把工资发给家政服务员，但没有得到确切的答复。王女士还曾询问是否可以不经平台直接向家政服务员支付工资，遭到了平台工作人员的拒绝。然而，如何才能既让家政服务员安心工作，又能使其得到应得的报酬呢？王女士为此十分苦恼。

后据了解，该家政平台的服务电话始终处于无人接听或占线状态。经数据显示，该平台所属的某信息技术股份有限公司，曾因未按时履行法律义务而被法院强制执行，此外还发生过多起劳动争议纠纷。后经该平台一位工作人员介绍，春节过后平台分几批给家政服务员发放了部分工资。这名工作人员坦称，公司内部也有部分员工被拖欠工资，至于原因她拒绝透露。

【案例分析】

首先，必须明确在互联网家政平台作为会员制（或派遣制/员工制）管理模式下的家

政服务人员与雇主之间的相互关系。

《劳动合同法》第二条规定："中华人民共和国境内的企业、个体经济组织、民办非企业单位等组织（以下称用人单位）与劳动者建立劳动关系，订立、履行、变更、解除或者终止劳动会同，适用本法。国家机关、事业单位、社会团体和与其建立劳动关系的劳动者，订立、履行、变更、解除或者终止劳动合同，依照本法执行。"结合本案可见，消费者（雇主）及其家庭并不在《劳动合同法》规定的适用主体之列。因此，消费者（雇主）与家政服务人员之间无法成立具有法律意义的劳动关系，通常情况下两者之间是雇佣与被雇佣的关系。

联系本案，涉及三方主体、两种合同关系。首先是王女士与某家政平台签约继而与家政服务员形成使用家政服务的关联，这属于消费者（雇主）与家政服务公司之间建立的民事合同关系。家政服务公司先与家政服务人员之间建立劳动或劳务关系，随后将家政服务人员派往消费者（雇主）家中从事家政服务工作。在这种情形下，消费者（雇主）与家政服务人员之间是服务与被服务的关系，并不存在直接的民事雇佣关系。

其次，必须明确在本案中，消费者（雇主）因为家政服务员无法按时收到工资或劳务报酬而由此引发用工纠纷，在三方主体的家政服务法律关系中，如果存在与家政公司建立的民事合同关系，消费者（雇主）与家政服务人员之间发生纠纷后，应由家政公司出面处理。雇主与家政服务人员之间并不存在直接的法律关系，若双方之间存在超越家政服务内容的纠纷，双方可作为独立的民事主体向法院提起民事诉讼。

再次，从案件纠纷发生的矛盾成因看，该家政平台应与消费者（雇主）及家政服务员之间签订了三方法律协议即家政服务合同，平台与消费者之间存在会员制服务（收取会员费）的法律关系，平台与家政服务员之间存在派遣制/员工制的劳动合同关系，家政平台根据签订的合同向消费者（雇主）提供派遣家政服务员上门的家政服务。消费者（雇主）与家政服务员之间不直接发生雇佣与被雇佣关系，而是被服务与服务关系。

最后，对于平台的收费方式是否违规，支付方式是否侵犯了消费者的权益，它损害了消费者支付报酬的自主选择权，同时也将不公平的格式条款体现在合同中，涉嫌侵害消费者个人信息保护的权利。这些都明显违反了法律的规定，消费者可以投诉到市场监管部门，市场监管部门应当依据违法合同之处等有关规定进行处罚。

二、服务从业人员权益保护

——苗某、郑某因雇员擦窗坠亡的人身损害赔偿纠纷案

【案情介绍】

被告苗某、郑某一直雇佣陈某在其家中打扫卫生。2010年3月19日，陈某受雇佣擦拭

窗户时从楼上摔下，导致死亡。三原告系陈某的家人。事故发生后，原告曾与被告协商处理善后赔偿事宜，但因赔偿数额差距较大而没能达成协议。原告认为雇员在受雇工作期间所遭受的人身损害，应由雇主承担赔偿责任。被告××家政中心作为一个家政服务行业机构，收取了一定的费用，但未对陈某进行必要的培训及管理。故原告诉至法院，请求判令：被告苗某、郑某、××家政中心共同赔偿死亡赔偿金人民币576760元，被抚养人生活费25190.40元，丧葬费19751元，精神抚慰金50000元，律师代理费30000元。（来源：《人民司法》2011年第14期）

【案例分析】

综合事故发生的原因及过错认定等因素，法院确定苗某、郑某应承担与其过错相适应的赔偿责任。通过本案的责任赔偿审理可知，由于当时家政服务市场上的钟点工大多未经过专业的培训，其与雇主形成雇佣合同关系，一旦出现钟点工坠楼身亡，因其具有完全民事行为能力，应自行承担相应责任。公益性家政服务中介的行为目的是促进社会就业，对于损害的发生不具有过错，不承担损害赔偿责任。作为用工方的雇主应尽到相应的安全保障义务，否则对钟点工发生的损害承担过错责任。

无论是从家政服务法律主体签订合同的规范性，还是从雇主安全保障义务履行的充分性，或是对于第三方中介服务开展岗前培训的必要性等角度出发，各方法律主体都应明确各自在家政服务法律关系中的权利和义务，以及因其行为结果引发的法律责任及承担。特别对于家政服务人员而言，建议签订双方合同而不是有可能对自己带来不利的三方协议，可以提醒雇主购买家政服务综合责任险，并要求其签约的家政服务机构为其提供必要的保障。

三、未成年人（婴幼儿）权益保护

——婴儿头部被撞骨折，保姆隐瞒耽误治疗应如何追责？

【案情介绍】

家政服务员于某独自在家照顾5个月大的男婴小宝时，不慎将小宝头部撞到柜角。事发后于某怕担责隐瞒了此事。2天后，小宝父母因发现孩子常哭闹、不爱吃奶、精神状态也不好，仔细检查后发现小宝头部肿胀，即刻带到医院就诊。经医生诊断，小宝全侧顶骨骨折，左顶部头皮血肿，左顶部硬膜外出血。此时，于某才向雇主道出实情。小宝父母四处求医，得到的答复均是小宝因此头部的外力创伤，不排除相关不良后果及后遗症的发生。小宝家长认为，于某为逃避责任而置孩子的安危于不顾，导致孩子错过了最好的治疗时期，于是起诉要求家政公司和保姆赔偿5万元。

法院认为，于某在看护小宝的过程中存在过失，导致孩子头部撞到柜角受伤，应承担赔偿责任。于某是家政公司员工，赔偿责任应由公司承担。法院判决家政公司赔偿小宝父母3.5万元。

【案例分析】

近年来，随着育婴与育儿服务在家政服务市场中比重不断增大，由保姆过失导致婴幼儿伤亡的索赔案件逐年增多。案件触及的受伤孩子多数不满周岁，骨折、烫伤占多数，个别经抢救无效后去世。令人无奈的是，家政服务员自身没有赔偿能力，九成家政公司拒绝赔偿。本案中家政服务员责任心不强，缺乏专业护理知识和应急处理能力，弄伤婴幼儿后怕担责还会进行隐瞒。

民法典侵权责任编第一千一百六十五条规定，行为人因过错侵害他人民事权益造成损害的，应当承担侵权责任；同时也对如第一千一百九十一条对因劳务派遣引发的用人者责任、第一千一百九十二条对因个人劳务的损害责任等作出了责任主体侵权的特殊规定。本案中，由于于某在看护小宝的过程中有过错或重大过失，家政公司赔偿消费者损失后有向于某追偿的权利。

根据《未成年人保护法》第一百三十条的规定，密切接触未成年人的单位包括婴幼儿照护服务机构，而月嫂、育儿嫂等看护婴幼儿属于婴幼儿父母委托照护情形下监护行为，一旦发生对婴幼儿的过失或故意伤害，将可能引起相应的法律后果与责任。

四、老年人权益保护

——花钱雇个保姆，却成了伤害老人的凶手，谁该负责?

【案情介绍】

据媒体报道，2019年10月20日，太原的行女士为90岁高龄的母亲请了位保姆，却没想到自己的母亲遭到保姆殴打。监控视频显示：老人躺在沙发旁边的地上，保姆在打扫卫生。保姆干完活后，看见老人还没起来，就扯掉老人身上的被子，朝老人的头部多次拳脚相向，还朝老人脸上扇巴掌，以及用手压老人的手。这一幕恰巧被行女士回看家里监控时发现。保姆被民警抓获后称老人不吃饭、不睡觉让其无法休息，其在家对父母也如此。事后，警方对涉事保姆处以行拘处罚。（来源：《北晚在线》2019-11-1）

【案例分析】

我国《刑法》第二百六十条规定："对未成年人、老年人、患病的人、残疾人等负有监护、看护职责的人虐待被监护、看护的人，情节恶劣的，处3年以下有期徒刑或者拘役。"该保姆虐待90岁老人的行为尚不构成刑法的量刑处罚规定，但其"恶行"已造成严重负面影响，加重了社会对从事老人照料、护理工作家政服务人员的不信任。在看护、照顾老人方面，建议消费者尽量选择中介型、员工制而不是自雇型的家政服务，不给无责任心的恶保姆以可乘之机。同时家中可安装监控设备，家人也尽可能经常看望老人等，监督、督促保姆履行合同义务。

第三节 服务领域诚信体系建设

一、健全服务领域信用体系建设的法律保障

《中华人民共和国国民经济和社会发展第十四个五年规划和2035年远景目标纲要》（以下简称《"十四五"规划纲要》）为当前和今后一段时期经济社会的高质量发展指明了重点任务和方向。与"十三五"相比，《"十四五"规划纲要》更加重视发挥社会信用体系建设对高质量发展的支撑作用，重点强化科研领域诚信建设、推动生活性服务业诚信化职业化发展、强调健全民营企业融资增信支持体系、健全社会信用体系支撑高标准市场体系建设四大着力点。可见，中国将把社会信用体系服务全面建设社会主义现代化国家的能力推到一个新的历史高度。

家政服务业，是关乎千家万户对美好生活期待的民生行业。国家发展和改革委员会（以下简称国家发改委）发布的《产业结构调整指导目录》（2019年版）中鼓励类新增了家政行业，可见其对拉动我国国民经济发展、促进就业、改善民生的重要意义。

当前，我国家政服务业信用缺失问题较为突出。部分家政服务员隐瞒真实信息，不按合同约定提供服务，偷盗雇主钱财、伤害老幼病残等案件时有发生。部分家政企业以不正当竞争、哄抬价格、虚假宣传等手段误导消费者。这些现象损害人民群众生命财产安全，严重扰乱家政市场秩序，给家政服务业健康发展带来不利影响。因此，迫切而要建立一套完整真实的家政服务人员和企业信用记录，让消费者能知情、服务可查询。

党中央、国务院对于家政服务的信用体系建设高度重视。2013年国务院颁布了《征信业管理条例》，2014年国务院印发了《社会信用体系建设规划纲要（2014—2020年）》。继2018年3月印发《关于对家政服务领域相关失信责任主体实施联合惩戒的合作备忘录》（发改财金〔2018〕277号）的通知后，2019年6月27日，商务部、国家发改委又印发了《关于建立家政服务业信用体系的指导意见》（以下简称《信用指导意见》），旨在规范家政服务业发展满足人民群众日益增长的美好生活需要，增强人民群众获得感、幸福感、安全感。《信用指导意见》出台后，各省、市、自治区纷纷行动起来，结合地方实际，推出各项举措，加快推进家政服务业信用体系建设。

2023年3月，广东省政府办公厅印发《建设高标准信用服务市场促进信用广东高质量发展的若干措施》，该措施在有效扩大信用服务需求、推动形成多层次信用服务体系、建

立完善信用服务制度标准、优化提升信用服务基础设施、增强信用服务业服务能力、组织开展信用服务业提升"春苗行动"等6个方面搭建支持信用服务业发展的"四梁八柱"，提出22项具体的政策举措，将进一步激发信用服务市场发展活力，丰富信用服务的应用场景，提振市场主体的发展信心。广东将通过打造高标准的信用服务市场，推动构建以信用为基础的新型监管机制，发挥信用在创新监管机制、提高监管能力和水平方面的基础性作用，根据经营主体信用的状况来实施差异化监管手段，实现对守信者"无事不扰"，对失信者"利剑高悬"，从而提高监管效益，降低社会成本，提升社会治理能力和水平。

上海市近年来围绕提质扩容这一目标，着力推进家政进社区和着力发展员工制企业，率先探索持证上门服务制度和家政立法，并且加强政策保障和行业监管，高效推动家政服务业健康有序发展。2020年5月1日施行的《上海市家政服务条例》第七条规定："家政服务行业组织应当加强行业自律和诚信建设，发挥对本行业的指导、服务职能，配合有关部门开展行业监管，引导家政服务机构和家政服务人员提升服务质量，维护家政服务机构和家政服务人员的合法权益。"自2016年以来，通过对机构人员备案、持证上门服务和信用评价等经验做法的探索总结，已将其提炼上升为法律法规、固化为行业管理制度。预计3~5年内将实现全市家政行业持证上门服务的全覆盖。上海市以家政上门服务证为载体，以家政服务信息追溯系统为支撑，以互联网、大数据等信息化手段为依托，建立市场为主导的信息化监管机制。

二、激励守信与失信惩戒案例

家政（家庭）服务业的联合惩戒对象主要指在家政服务领域经营活动中违反《家庭服务业管理暂行办法》（商务部令2012年第11号），以及其他法律、法规、规章和规范性文件，违背诚实信用原则，经有关主管部门确认存在严重失信行为的相关机构及人员等责任主体（以下简称惩戒对象），具体包括失信家政服务企业；失信家政服务企业的法定代表人、主要负责人和对失信行为负有直接责任的从业人员（以下统称失信人员）。

这也是2018年签署的《关于对家政服务领域相关失信责任主体实施联合惩戒的合作备忘录》的规定之一，备忘录明确"家庭服务业"等同于"家政服务业"。

国家发改委基于全国信用信息共享平台建立了联合奖惩子系统。商务部通过该系统向签署本备忘录的其他部门和单位提供家政服务领域失信责任主体信息，并按照有关规定更新动态。各部门按照本备忘录约定内容，依法依规对家政服务领域失信责任主体实施联合惩戒。各部门根据实际情况定期将联合惩戒实施情况通过全国信用信息共享平台联合奖惩子系统反馈至国家发改委和商务部。

关于激励守信。对家政企业开展公共信用评价，建立家政服务信用记录且公共信用评价等级在"良+"及以上的家政企业和信用记录良好的家政服务员纳入守信联合激励对象名单管理，通过"信用中国（云南）"网站、省家政服务业信用信息平台等多种渠道公布，引导消费者在选择家政服务时优先考虑，在商贸活动中加大推介力度，并适当降低监管频次。

对于失信惩戒。依照《关于对家政服务领域相关失信责任主体实施联合惩戒的合作备忘录》，对失信家政企业和家政服务员实施跨部门联合惩戒，公布失信联合惩戒对象名单，加大失信企业监管力度，提高检查频次，支持行业组织按有关管理规定，对失信主体实施限制会员资格、降低信用等级、公开曝光等惩戒措施。

从守信激励来看，河南省郑州市发布的《郑州市守信联合激励清单》（2018年版）对守信个人给予了教育服务和管理、就业和创新创业服务、社会保障服务、金融与住房租赁服务、文化生活服务等方面的鼓励政策和支持。

【案情介绍】

2007年，朱女士离开老家安徽来到上海，在上海某家政公司做起了"保姆"工作。她的工作就是做好日常家庭保洁和晚餐烹饪。她认为，要想在这个陌生的城市中立足，必须拿出120%的努力。凭借着一丝不苟、诚实勤奋的工作态度，朱女士很快赢得了客户的信任和认可。打铁还需自身硬，为了做好家政工作，她积极参与公司组织的各种有关家政方面的专业培训。

10多年来，朱女士先后学习了中西点烹饪、中式点心、西式烘焙、裁缝手工、插花礼仪、茶道、派对布置、管家培训、育婴师、家政服务员、老年护理、孕产护理、驾照、英语、瑜伽教练等，并获得了相应证书。随着综合素养的不断积累和提高，她在服务上有了从量变到质变的飞跃。而乐观积极的她，也在忙碌的工作和学习中，找到了属于自己的乐趣。2020年朱女士被评为上海市劳模。（来源：《劳动观察》2020-12-19）

第四节　服务行业从业人员刑事犯罪

一、服务行业从业人员刑事犯罪概述

在现代生活服务业中，家政服务业属于市场准入门槛低、灵活就业程度高、从业人员受教育程度普遍较低的一个行业。在各行业社会诚信排名上基本靠后，从业人员素质良莠不齐。近年来，包括育婴、育儿、保洁、养老护理等在内的家政服务业市场需求旺盛，而家政服务员的供给严重不足。特别是家政服务涉及千家万户，家政服务机构与家政服务人员是否遵守职业道德、是否遵纪守法，将直接关系到雇主及其家人的生命健康与财产安全，也将影响整个行业的规范、健康发展。震惊全国的"蓝色钱江放火案"所引发的悲剧不能再次上演。家政服务业绝不能野蛮生长，必须建立行业秩序规范、行业"负面清单"

及优胜劣汰机制，提高行业准入标准，促进行业整体健康发展，由此，家政服务业才不会因个别害群之马的出现而损害家政从业人员的整体形象。

二、刑事犯罪案例与分析

（一）浙江保姆放火致雇主四人死亡案

【案情介绍】

2017年6月21日晚，从事保姆工作的莫某某为继续筹集赌资，决意采取在雇主朱女士家中放火再灭火的方式骗取朱女士的感激，以便再向朱女士借钱。6月22日4时55分许，莫某某在朱女士家客厅用打火机点燃书本，引燃客厅沙发、窗帘等易燃物品，导致火势迅速蔓延，造成屋内的朱女士及其三名未成年子女共四人被困火场，吸入一氧化碳中毒死亡，该室室内精装修及家具和邻近房屋部分设施被损毁。经鉴定，损失共计257万余元。火灾发生后，莫某某即逃至室外，报警并向他人求助，后在公寓楼下被公安机关带走调查。

2018年2月9日，浙江省杭州市中级人民法院一审以放火罪判处被告人莫某某死刑，剥夺政治权利终身；以盗窃罪判处其有期徒刑5年，并处罚金1万元，二罪并罚，决定执行死刑，剥夺政治权利终身，并处罚金1万元。2018年6月4日，浙江省高级人民法院二审裁定驳回上诉，维持原判。最高人民法院经审理，依法裁定核准莫某某死刑。2018年9月21日，莫某某被执行死刑。（来源：《法治网》2019-9-27）

【案例分析】

本案是一起影响极其恶劣、轰动全国的保姆纵火案。被告人，莫某某，女，广东省东莞市人，初中文化。2015年7月至2016年2月，她曾先后在浙江省绍兴市、上海市三位雇主家服务期间盗窃茅台酒、戒指与项链、现金等财物，被雇主发现后均被雇主辞退。2016年9月，经上海某中介公司介绍，莫某某受雇于被害人家中从事保姆工作。本案审理过程中，杭州市人民检察院起诉书指控，被告人莫某某长期沉迷赌博，在被害人家中从事保姆工作期间，多次窃取家中贵重物品进行典当、抵押，或以买房为由向雇主借款，所得款项均被其用于赌博并挥霍一空。为继续筹集赌资，其决意采取放火再灭火的方式骗取雇主的感激以便再次向其借钱。

最高人民法院复核认为，被告人故意放火，危害公共安全，其行为已构成放火罪；被告人以非法占有为目的，盗窃他人财物，数额巨大，其行为已构成盗窃罪。被告人经预谋在高层住宅内放火，致四人死亡和他人财产重大损失，犯罪动机卑劣，情节恶劣，社会危害性极大，后果和罪行极其严重，应依法惩处。虽然被告人归案后能如实供述自己的放火罪行，但根据其犯罪的事实、性质、情节和对社会的危害程度，对其所犯放火罪依法不足以从轻处罚。对被告人所犯数罪，应依法并罚。第一审判决、第二审裁定认定的事实清楚，证据确实、充分，定罪准确，量刑适当。审判程序合法。据此，最高人民法院核准浙江省高级人民法院维持第一审对被告人判处死刑的刑事裁定。

透过本案的审理过程与判决结果，可以初步得出以下结论：

第一，莫某某作为一名家政从业人员，从其过往的职业经历即可反映出她不仅不遵守家政服务人员的职业守则与道德，而且一再尝试突破法律的底线、以身试法，并抱着"灭火立功"的侥幸心理，将雇主家人的生命与财产视作人生"豪赌"的筹码，最终以四人死亡、财产损失257万元的惨痛代价将自己送上了断头台。

遵纪守法、遵守社会公德，是家政服务业的从业人员必须遵守的职业守则，自尊、自信、自立、自强是家政服务员必须秉持的"四自"精神，文明礼貌、诚实守信、勤劳节俭是家政服务员从业执业的基本要求。而本案被告人根本将这一切都抛在了脑后，在贪图享乐、沉迷赌博、偷盗成瘾的路上越走越远，直至犯下滔天罪行。这一案件将成为中国家政服务发展史上的黑色耻辱柱，直接拉低了家政行业的社会信用评价。为此，我们必须加强健全和完善家政行业的社会准入机制，在建立家政机构与人员信用"红名单""黑名单"的同时，加大对有潜在风险的家政服务员的动态跟踪与社会管理，确立"黑名单"的市场禁入制度，确保雇主的人身和财产安全。

第二，《刑法》第一百一十四条对放火等罪未遂作出了规定，第一百一十五条对放火等罪既遂作出了规定。"放火"是指故意纵火焚烧公私财物，严重危害公共安全的行为。放火行为一经实施，就有可能造成不特定多人伤亡或者公私财产损失的严重后果。因放火致人重伤、死亡或者使公私财产遭受重大损失的，处十年以上有期徒刑、无期徒刑或者死刑。

（二）屡偷家政服务员服刑后禁止从业三年案

【案情介绍】

家政钟点工马某在利用家政APP接单上门服务的过程中，短短5天时间，分别对4名雇主实施盗窃，共窃得现金16000元。马某在一雇主家打扫主卧时，乘人不备，从放置在一透明柜的三四万元中抽取一沓共计6000元。之后她又以相同手法窃得雇主汪先生卧室衣柜内的现金3000元，隔天又从雇主劳女士客厅椅子拎包内窃取现金2000元。直至雇主梅先生发现卧室床头柜的5000元现金被盗，怀疑马某有重大嫌疑后报警，马某终于落网。她到案后又主动交代了其他几起盗窃事实。法院以盗窃罪判处被告人马某有期徒刑10个月，并处罚金2500元，同时判决马某自刑罚执行完毕或假释之日起3年内禁止从事家政服务工作。

【案例分析】

本案为刑事案件。马某以非法占有为目的，窃取他人财物，数额较大，其行为触犯了《刑法》第二百六十四条的规定，应当以盗窃罪追究其刑事责任。法院认为，由于马某利用家政服务的职业便利从事犯罪，且针对多户被害人反复实施，再犯可能性较大。因此根据《刑法》第三十七条之一的规定，因利用职业便利实施犯罪，或者实施违背职业要求的特定义务的犯罪被判处刑罚的，人民法院可以根据犯罪情况和预防再犯罪的需要，禁止其自刑罚执行完毕之日或者假释之日起从事相关职业，期限为三年至五年。

综上看来，家政服务员马某因一时贪念，不仅让自己身陷囹圄，还丢了工作，可谓得不偿失。家政服务业的健康发展不仅有赖于激励守信与失信惩戒的红榜黑榜奖惩并施，更有不可逾越的法律底线。通过此案，检察机关提醒相关从业人员引以为戒，珍惜就业机会，坚守职业道德，始终对法律保持敬畏之心。

🎥 重点回顾

重点回顾

▶ 目标检测

参考答案

1. "互联网+"家政时代的到来，对家政服务平台中的消费者带来何种利弊？

2. 对于家政服务从业人员来说，如何通过购买保险或申领政府保险补贴规避人身意外风险？

3. 谈谈如何在提供家政服务活动中寻求对法律关系主体的保护。

4. 对于服务从业人员的社会守信激励，你认为从政府层面出发，具体应出台哪些政策与实际举措？

5. 结合当前家政服务业的信用体系建设，你认为目前的失信惩戒制度与机制在哪些方面需要加以补充？

第八章 职业道德概述

1.掌握职业道德的含义与发展、社会主义职业道德的核心。

2.熟悉职业道德的特征和作用。

3.了解社会主义职业道德基本原则。

第一节 职业道德的基本知识

随着现代社会分工的发展和专业化程度的提高，市场竞争日趋激烈，整个社会对从业人员职业观念、职业态度、职业纪律和职业作风的要求越来越高。职业生活中的道德规范，不仅对各行各业的从业者具有引导和约束作用，而且是促进社会持续健康、有序发展的必要条件。职业道德在规范服务行业从业人员行为方面有非常重要的意义，对服务行业从业人员高效、积极地开展服务，以及服务行业的健康有序发展，起着十分重要的作用。

一、职业道德的含义与发展

恩格斯曾指出："每一个阶级，甚至每一个行业，都有各自的道德。"道德，从词源上来说，最早可追溯至先秦思想家老子的《道德经》："道生之，德畜之，物形之，势成之。是以万物莫不尊道而贵德。"道是指万物自然运行的轨道或者轨迹，德是指人们共同生活及行为的准则和规范，也就是品行、品质。但是当时"道""德"并没有连用。"道德"二字连用始于荀子的《劝学》篇："故学至乎《礼》而止矣。夫是之谓道德之极。"如今的道德是指由一定社会的经济关系所决定的特殊意识形态，是由社会舆论、传统习俗和内心信念等所维系的，并能够调整人与人之间、人与社会之间关系的行为规范的总和。

职业道德是在职业活动过程中产生的。广义的职业道德是指从业人员在职业活动中应该遵循的一般行为准则，涵盖了从业人员与服务对象、职业与职工、职业与职业之间的关系。狭义的职业道德是指在特定职业活动中，遵循职业规律，体现特定职业特征，用于调整特定职业关系的职业行为准则和规范。在现代社会中，职业道德经常以"准则""守则""条例"等形式表现，用于说明在职业活动中哪些行为是被允许的（符合职业道德），哪些行为是不被允许的（不符合职业道德）。

一个人的成功固然需要职业知识和职业技能，然而对于自己所从事的工作如果没有持之以恒、艰苦奋斗的敬业精神，以及开拓创新的进取精神和冒险精神，即使再有智慧的人也可能会与成功失之交臂，只有德才兼备才能在职场畅行无阻。

职业道德是任何人的成功能以一种正当的方式获得，并得以长久保持的基础。无论是何种"成功"，如果它是在违背职业道德的情况下获得的，那它就不是真正的成功。

由于从事某种特定职业的人们有着共同的劳动方式，经受着共同的职业训练，因而往往具有共同的职业兴趣、爱好、习惯和心理传统，结成某种特殊关系，形成特殊的行为规范和道德要求。职业道德既是从业人员在进行职业活动时应遵循的行为规范，又是从业人员对社会所应承担的道德责任和义务。职业道德与职业活动紧密联系，具有职业特征。职业的责任、义务和专业内容决定了职业道德的规范。在职业活动中，每一种职业都有它自己的生产和服务对象，都有各自活动的环境、内容和方式，都承担着不同的社会责任，具有不同的利益和义务。不同职业的人员在特定的职业活动中形成了特定的职业关系、职业利益、职业活动范围和方式，并由此形成了不同职业人员的道德规范。

职业道德不只是职业行为的外在规范，也是职业活动内在的需要，其形成有着深层的基础。职业道德随着社会生产力的发展和劳动分工的出现而逐步形成，并随着社会生产力的不断提高和分工的发展而不断丰富与完善。社会分工的出现和人类职业交往的扩大化以及职业关系的复杂化，客观上对从事职业活动的人们提出了乐其业、尽其责的要求，职业活动必须有序化、规范化才能正常进行，作为人们职业活动行为规范的职业道德应运而生。由于职业分工的不同，从事不同职业的人对社会所承担的责任不同，影响着人们对生活目标的确立和对人生道路的具体选择。尽管一个人对人生道路的选择最根本的是取决于其对人生意义的认识，对社会提出的历史任务的理解，然而从事的职业实践又影响着其对人生意义的认识和理想、志向的确定。在长期的职业实践中，人们从主观上逐步认识到了职业道德关系以及职业活动的社会意义和道德价值，形成特定的职业情感、职业良心和职业理想，积淀为内在的品德。随着社会职业分工的出现而产生的职业道德也不是从来就有和永恒不变的，它会随着人类社会的发展而呈现出不同的特征。未来，社会分工会越来越精细，工种也会越来越多元，不同人群对服务也会有更多差异化的需求。简言之，职业道德是在各个时代中伴随着特有的职业生活内容而不断丰富和发展的。

职业道德是社会道德在职业活动中的体现，是人们的道德观念在职业活动中的反映。社会上有各种不同的职业，不同职业侧重点也各不相同，但遵循的一般道德原理是一致的，都要求人们在工作中必须让自己的行为符合所在职业的要求，它是对人们的职业心理、职业行为的非强制性要求和约束。职业道德的内涵包括但不限于以下内容。

（1）社会普遍认可的职业规范。

（2）自然形成的优良职业习惯。

（3）职业中应该坚持的信念、观念、修养等。

（4）工作中应该达到的一些基本要求。

（5）职业道德没有强制力，通过从业人员的自律实施。

（6）职业道德代表的是职业的独特价值观。

职业道德本身涵盖了职业态度、职业荣誉、职业作风、职业责任、职业义务等内容，这些也是职业素养的重要组成部分。高尚的职业道德能激发人的动力，让人充满力量。

二、职业道德的特征

职业道德是道德在职业实践活动中的具体体现，职业道德除了具备社会道德的一般属性外，还具有自身明显的特征。

1.实践性　职业活动是一种具体的实践，职业道德是适应各种职业活动的内容与交往形式的要求而形成的，能直接契合相应的职业活动的具体实际，指导从业人员的职业行为，因此根据职业实践经验概括出来的职业道德规范必须具体明确，有较强的针对性和操作性，意思表达简洁明了，语言通俗易懂、生动活泼，容易让不同文化程度的人领会掌握，也便于检查对照和评估奖惩。职业道德规范一般可形成行业公约、工作守则、行为须知、操作规程等具体的规章制度，以用于教育和约束本行业的从业人员，以及让行业内外的人员（包括服务对象）开展检查监督。职业道德对从事职业活动的人们的道德行为具有较强的适用性和约束力。

2.多样性　社会上的职业多种多样，这些职业有着各自独特的活动方式和特点，在社会生活中起着不同的作用。各种职业道德规范，是人们在长期职业活动中总结、概括、提炼出来的，随着社会的发展，职业道德的内容也在不断变化。各种职业为便于指导工作和实施职业行为，大多根据本职业的特点要求，采用一些诸如规章制度、工作守则等简明适用、简便易行的形式，使职业道德规范具体化。不同的职业道德必须鲜明地表现出本职业的职业义务和职业责任，以及职业行为上的道德准则，这就形成了不同职业特有的道德传统与道德习惯，以及从事不同职业的工作人员特有的道德心理和道德品质。例如，教师有教师的职业道德，医生有医生的职业道德，这些职业道德之间存在着共性，但是每种职业道德又都有其特性，而这些特性综合作用，就形成了职业道德的多样性。

3.有限性　职业道德是和职业活动密切联系在一起的，要解决的是特定职业活动中的特殊道德问题。有限性是指在某一特定的行业和具体岗位上，有与该行业、该岗位相适应的具体的职业道德规范。这些特定的职业道德规范只在特定的职业范围内起作用，只能规范该职业从业人员的职业行为，而不对其他行业和岗位的从业人员起作用。每种职业道德都有着鲜明的行业特点，表达了特殊的职业义务和责任，形成了比较稳定的职业传统习惯，使得不同职业之间在道德心理和行为上产生明显的差异，道德规范要求各不相同，具有明显的个性特点。例如医生的道德规范主要是治病救人、救死扶伤，营业员的道德规范主要是公平买卖、信誉第一等。

4.继承性　职业道德是社会意识形态的一种特殊的表现形式，它由社会经济关系所决定，并随着社会经济关系的变化而变化。由于职业道德是与职业活动紧密结合的，又总是与各种职业活动的特点相联系，即使在不同的社会形态中，同一职业也有大体一致的利益和义务、活动内容和活动形式、服务对象和服务手段，所以历史延续下来的职业活动具有一些共同的性质和特点，其职业道德一般会相对稳定，并具有明显的继承性。这种继承性常常表现为某一职业的人们所具有的道德传统和道德习惯，表现为从事某一特定职业的人们所特有的道德心理、道德品质和职业语言等。例如古往今来，教师的道德规范都强调"学而不厌，诲人不倦，因材施教"。这一道德规范，是教育工作领域所特有的教与学、师与生的关系反映。但是不同社会形态的职业道德的继承性是相对的，它要受当时经济关系的制约和占统治地位的道德原则的影响。因而，不同社会形态下的教师道德规范又呈现出差异性。

三、职业道德的作用

职业道德是社会道德体系的重要组成部分，它一方面具有调节社会道德的一般作用，另一方面又具有自己特殊的作用，职业道德能够制约人们的职业活动，调节职业生活中人与人之间的关系，更能推动全社会的道德建设和精神文明建设。

总体来说，职业道德的作用体现在以下几个方面。

1.规范作用　在当代社会，随着社会分工的日益深化，人们需要面对的公共生活领域、职业细分不断扩大与精细化，因而对公共秩序和职业规范的要求越来越高。职业道德的作用首先在于规范人们的职业品质和行为表现。职业道德将社会道德要求原则性的规定与各种职业活动的具体特点相结合，提出具体的切实可行的职业行为准则，使之职业化、具体化，并贯彻落实到所有从业人员的实际行动中去。社会上各种职业团体和组织中的每一位从业人员，都要按照职业道德规范所要求的基本准则，从情感、意志、行为等几个方面去要求自己、约束自己。只有这样，才能引导从业人员识大体、顾大局，尽心尽责、全心全意为人民服务。

2.调节作用 职业道德的调节作用是指通过职业道德来调节职业交往中从业人员间的内部关系、从业人员与服务对象间的外部关系。其中，调节从业人员的内部关系就是运用职业道德来规范、约束从业人员的内部行为，促进从业人员内部之间的团结与合作。职业道德要求职业内部的从业人员为了共同的目标、正当利益而和谐地劳动，各部门之间要相互信任、相互配合，以全局利益为重，同事之间减少矛盾，避免纠纷，形成合作与竞争有机结合的关系，上下级之间相互理解和支持。而调节从业人员和服务对象之间的外部关系，则是运用职业道德来规范从业人员和服务对象之间的服务态度和行为，以此来形成和谐的氛围。在这方面，职业道德从本职业的性质和特点出发，通过要求本职业从业人员，在思想上和行为上遵循职业道德规范，尽职尽责，更好地为他人、为社会服务，满足他人和社会的需求。职业活动中的许多内容与形式都与自然物直接发生联系，因而职业道德还具有调整职业生活中人与自然、人和物的关系，也就是人和劳动对象、劳动产品之间的关系，同时还有人与劳动手段即人与技术之间的关系。人们在职业活动中以怎样的态度对待自然、对待劳动对象和劳动产品，采用怎样的技术手段，将直接影响他人、社会和自然的利益，最终影响社会生产和生活是否能良性地、可持续发展。

3.促进本行业、本企业的发展 行业、企业的发展有赖于经济效益的提高，而经济效益的提高在很大程度上依赖于员工素质的提高。"才者，德之资也；德者，才之帅也。"一个人博学多闻固然重要，但若没有一定的道德素养作为承载，就可能导致知识越多、能力越强，却对社会造成越大危害的结果。人才只有德才兼备，方堪重任。职业道德通过对各种职业关系的调节，促进职业活动中人力资源与物力资源的优化配置，促使各职业劳动者端正劳动态度，树立敬业精神，遵守职业道德准则和经济活动规则，提高劳动生产效率和服务质量。行业和企业的信誉，直接关系到它们及其产品与服务在社会公众中的受信任程度。企业和行业的形象、信誉主要是通过产品和服务的质量体现出来的，从业人员的良好职业道德是提高产品和服务质量的有效保证。若从业人员职业道德水平不高，就很难生产出优质的产品和提供优质的服务。从业人员具有良好的职业道德修养、高度负责的工作态度，会在人们心中树立起良好的形象。职业道德一旦内化为从业人员的素质，外化为从业人员的行动，就会转化为强大的物质力量，提高企业和行业的竞争力，带来巨大的经济效益和社会效益。从业人员职业道德水平不高，就难以提供优质的产品和服务，损害企业的信誉和形象；从业人员的行为违背职业道德要求，就会对本企业乃至整个行业造成信任危机。

4.对社会主义道德和精神文明建设的推动 职业道德是社会主义道德的重要组成部分。绝大多数职业活动都是面向社会公众的，有的是直接面对公众，有的是以最终的产品或服务的形式间接地面对公众。职业道德对社会风尚也产生着深刻影响。每一种职业都以自己独特的方式，与整个社会发生着联系，每一个具体岗位都会对社会道德风尚产生一定的影响，每一个从业人员道德风范的传递和感染，可以潜移默化地使人们养成对整个社会、对其他社会成员、对自然的义务感和责任感。职业道德一方面涉及每个从业者在职业工作上的个人表现；另一方面也涉及职业群体的社会集体表现。职业群体具备优良的道德，会对整个社会道德水平的提高发挥重要作用。如果各行各业的从业人员都能自觉地按照职业道德要求去实践，就会形成相互尊重、相互关心、互相帮助、团结有爱、平等公正、诚实守信的和谐人际关系和良好社会风气，从而有力推进社会主义精神文明建设。因此，在职业生活中树立良好的职业道德，有助于塑造良好的社会氛围，进而推动社会道德与精神文明建设的发展。

四、职业道德对个人发展的重要意义

人的一生有相当长的时间是在职业生活中度过的。人会在职业工作中得到成长和发展。一个人道德品质的形成和培养，与他在职业活动中自觉的学习锻炼有着密切的关系。职业活动使人们在家庭和学校中初步形成的道德意识和道德品质进一步提高，并逐渐趋向成熟，而这种成熟的道德意识和道德品质则往往表现为职业道德。一个人如果具备了良好的职业道德，他便会在职业工作中成长得更快，发展得更顺畅，进而更好地实现自己的人生价值。一个人如果没有具备良好的职业道德，他便会在职业生涯中处处碰壁，无法实现自己的人生价值，甚至会走上违法犯罪的道路。职业道德对于个人发展具有重要意义，主要体现在以下几个方面。

1.职业道德是个人在职场安身立命的重要基础 人总是要在一定的职业中生存和发展的，从事一定的职业是每个人生存和生活的基本需求。职业道德对于个人的职业发展和自我成长至关重要。职业道德不仅是一笔宝贵的社会精神财富，更厚植起个人安身立命的坚实基础。个人要立足于职场并获得长久的生存与发展，除了必备的外部客观条件和个人专业技能以外，很重要的因素就是他是否具有良好的职业道德。一个人职业道德的高低，直接影响这个人能否胜任本职工作。一方面，职业道德在某种程度上代表着被外界所接受的某种职业的行为标准，具备良好职业道德的基础是过硬的专业技能，对职业道德的认同和追求有助于个人形成和发展优秀的职业技能；另一方面，职业道德也代表着行业顶尖人才所拥有的职业观念、对职业的美好情感和职业行为方式，对顶尖人才的学习和追赶，有助于个人在职业道路上成长为更好的自己。加强职业道德建设，对个人而言，意味着砥砺职业操守、恪守职业本分、干好本职工作，每件事、每个细节、每项产品都力求无愧本心。遵守职业道德的人可以获得相对稳定的工作，进而取得个人生存发展所需的物质条件和可能的机会。

2.职业道德是个人事业成功的保证 一个人是否有所作为，不在于他从事何种职业，而在于他是否尽心尽力把所从事的工作做好。职业道德所包含的敬业、诚信、勤俭、公正、协作、创新和奉献等内容对促进从业人员做好本职工作、实现职业理想具有重要的推动作用。"三百六十行，行行出状元。"这是一种人生信念，一种永无止境的追求。一个人，只有当他以应有的热情和全部的力量致力于自己所从事的职业时，才可以说无愧于社会，无愧于良心。一滴水，只有融入江河，才能展现它的力量；一个人，只有脚踏大地、勤奋工作，才能实现其人生的价值。良好的职业道德有利于增强个人的职场竞争能力，为职业活动提供精神动力，促进个人事业成功。职业道德是实现职业理想的推动力，有利于个人实现职业理想。

3.职业道德有利于实现人的全面发展　人而无德，行之不远。没有良好的思想道德品质和修养，即使有丰富的知识、高深的学问，也难成大器。职业道德可以使人们在职业生涯中逐渐形成道德人格和道德理想，增强从业人员对所从事职业的认同感、自豪感，自觉维护本单位的声誉和形象，对本职工作充满热情，进而主动提高自身的综合素质。职业道德还促使人们充分发挥自己的聪明才智，发现新事物和探索新规律，乃至创造出奇迹。因此要实现自我全面发展，加强职业道德建设是不可或缺的。

第二节　社会主义职业道德规范体系

一、社会主义职业道德的核心

为什么人服务是道德的核心问题，决定并体现着道德建设的根本性质和发展方向，规定并制约着道德领域中的所有道德现象。社会主义职业道德的核心是为人民服务。它决定并体现着社会主义职业道德建设的根本性质和发展方向，是社会主义职业道德区别于其他社会形态职业道德的主要标志。它规定并制约着社会主义职业道德领域中所有的道德现象，是统帅一切道德原则、道德规范和道德要求的指导思想。

为人民服务是社会主义经济基础和人际关系的客观要求，是社会主义道德观的集中体现。在发展社会主义市场经济条件下，要在全体人民中提倡为人民服务和集体主义精神，提倡尊重人、关心人，热爱集体，热心公益，扶贫帮困，为人民为社会多做好事。在经济活动中，国家依法保护企业和个人利益，鼓励人们通过合法经营和诚实劳动获取正当经济利益；同时引导人们对社会负责、对人民负责，正确处理国家、集体和个人的关系。在当下社会，每个劳动者和建设者都在为社会、为他人同时也是为自己而劳动和工作。在我国，公有制为主体、多种所有制经济共同发展，按劳分配为主体、多种分配方式并存，社会主义市场经济体制等社会主义基本经济制度，是为人民服务的根本制度保证，在此基础上逐步形成的团结互助、平等友爱、共同进步的人际关系，是为人民服务的广泛社会基础。为人民服务是社会主义市场经济健康发展的要求。在社会主义市场经济条件下，市场主体必须通过向社会和他人提供一定数量和质量的产品，建立满足社会和他人需求的良好信誉。也就是说，社会主义市场经济，不仅不排斥为社会和他人服务，而且需要通过服务甚至是优质服务，才能实现市场主体的利益。

一个具有良好职业道德、为人民服务意识的人，必定会有为他人服务、为社会献身的精神，能推己及人、与人为善，服务他人、奉献社会。大学生践行为人民服务，就是要弘扬为人民服务的精神，尊重人、理解人、关心人，为人民、为社会多做好事、多做贡献，积极参与广泛生动的社会实践，在实践中锻炼能力，提高为人民服务的本领。

二、社会主义职业道德的基本原则

所谓职业道德原则，是指社会对人们在职业活动中的行为提出的最基本要求，也是职业道德的最本质规范。它贯穿于其他一切具体道德规范之中，而其他的具体道德规范则是道德原则的展开和补充。职业道德基本原则从根本上指导人们如何处理人与人之间、个人和社会之间的关系。

集体主义是社会主义职业道德的基本原则。马克思说："一个人的发展，取决于和他直接或间接进行交往的其他一切人的发展。"集体是个人成长的沃土，集体利益也是个人利益的依托。在社会中，人既作为个体而存在，又作为集体中的一员而存在，集体和个人不可分割。在社会主义社会中，国家利益、社会整体利益和个人利益也是不能分割的。在我国，国家利益、社会整体利益和个人利益根本上的一致性，使得集体主义应当而且能够在全社会范围内贯彻实施。

马克思主义伦理观认为，道德是调整各种利益关系的准则，用集体主义原则去调整个人与社会的关系，才能把握社会主义道德的方向，使之不偏离社会主义的轨道。在社会主义国家里，集体利益是个人利益的基础和保证，离开了无产阶级和劳动人民的集体利益和集体力量，就没有无产阶级的个人利益和个人解放。国家和集体同时又为个人才能的发挥提供条件，为个人利益提供保证。

集体主义原则是一切社会主义道德规范的统帅，它是社会主义道德的基本原则，并且贯穿社会主义道德发展的始终。其主要体现在以下两个方面。

1. **集体主义集中反映了广大劳动人民的根本利益**　集体主义不会遮蔽个人价值，而会为个人成长搭建更广阔舞台。集体主义可以增强一个人恪尽职守、担当任事的责任心，可以激发一个人面对困难和危险不退缩的战斗力。集体促进和保障个人正当利益的实现，使个人的才能、价值得到充分的发挥。对于集体主义来说，只有个人的价值、尊严得到实现，个人的正当利益得到保障，集体才能有更强大的生命力和凝聚力。社会主义基本经济制度代表广大人民群众的根本利益与长远利益。以公有制为主体、多种所有制经济共同发展的基本经济制度，特别是人民代表大会制度作为我国根本政治制度，决定了在社会各领域必须大力提倡建基在人民群众整体利益之上的集体主义原则。

2.集体主义是正确处理国家利益、集体利益、个人利益的基本原则　集体主义强调国家利益、社会整体利益与个人利益的辩证统一，既肯定集体利益高于个人利益，主张只有在集体中，个人才能获得全面发展；同时也重视和保障个人正当利益。发展社会主义市场经济，之所以需要集体主义，是因为其有助于克服市场自身的弱点和消极方面，有助于形成追求高尚、激励先进的社会风气，保证社会主义市场经济的有序健康发展。大学生应正确认识和处理国家、集体、个人的利益关系，自觉坚持个人利益服从集体利益、局部利益服从整体利益、当前利益服从长远利益，反对小团体主义、本位主义和极端个人主义。

三、家政服务员职业道德体系

家政服务业是以家庭为服务对象，由专业人员进入家庭成员住所或以固定场所集中提供对孕产妇、婴幼儿、老人、患者、残疾人等的照护以及保洁、烹饪等有偿服务，满足家庭生活照料需求的服务行业，对改善民生、扩大就业、促进消费具有重要作用。家政服务业是以人为核心的行业，提供服务的是人，服务的对象也是人，家政从业人员职业道德水平高低直接影响家政服务质量，关系着家政行业的持续健康发展。

家政服务员在职业生活中必须处理与自己职业有关的各种关系，这就需要各种道德准则和规范。职业道德规范是人们在职业活动中处理各种利益关系时应遵守的具体行为准则，制定职业道德规范有助于帮助相关从业人员更有针对性地提高自己的职业道德修养，这些准则和规范之间有严密有序的结构体系。加强家政服务员职业道德修养，是形成家政服务员群体良好形象的要求，是家政行业服务质量的体现，也是维护家政行业在社会中的道德信誉、诚信程度，促进家政行业兴旺发达必不可少的条件。

根据国家和社会对职业道德的要求，结合家政服务行业的特点，家政服务员职业道德规范包括但不限于以下要素。

1.敬业　热爱、尊重家政服务的有关工作，以家政服务工作为荣，乐于奉献，勇于承担。

2.守纪　遵纪守法，遵守法律、行业规则、企业规章制度，尊重服务对象的习惯和规定。

3.诚信　实实在在做人，尽心尽力做事，忠于服务对象，不探听、不泄露服务对象隐私，信守服务承诺。

4.服务　有服务精神和服务意识，不厌其烦，精益求精，关注服务对象的需求。

5.修养　言行有度，乐观阳光，心胸宽广，有社会责任感，愿意为他人着想。

家政服务员能否胜任家政服务工作，不仅与其自身的知识、能力、经历、水平相关，也与其职业道德修养等密切相关。家政服务员只有注重自身职业道德修养，才能充分认识家政工作的本质，产生强烈的事业心、责任感和崇高的使命感，才能在工作中严于律己、恪尽职守，提供高质量的服务。

岗位情境模拟

情景描述： 梁女士预约了某家政公司的一名保洁阿姨到家中进行3个小时的清洁服务，预约的时间是早上9点到12点。因为需要搞清洁的是刚装修好还未入住的新房，梁女士提前15分钟就到了新家等候保洁阿姨。然而，直到9点30分，保洁阿姨才匆匆赶到。

请问： 保洁阿姨的行为是否符合家政服务人员职业道德要求？保洁阿姨在接到工作安排时，应该怎样做？

参考答案： 保洁阿姨的行为不符合家政服务人员职业道德要求。保洁阿姨在服务中要做到守时，不迟到、不早退、不旷工、不随便请假。

重点回顾

重点回顾

目标检测

参考答案

一、选择题

1.下列关于职业道德的说法中，正确的是（　　）。

A.职业道德与人格高低无关　　　　B.职业道德的养成只能靠社会强制规定

C.职业道德对个人发展毫无影响　　D.职业道德是在职业活动过程中产生的

2.社会主义职业道德的基本原则是（　　）。

A.集体主义　　　　　　　　　　B.个人主义

C.利己主义　　　　　　　　　　D.实用主义

3.个人要取得事业成功，实现自我价值，关键是要（　　）。

A.人际关系好　　　　　　　　　B.运气好

C.家庭条件好　　　　　　　　　D.德才兼备

二、思考题

1.职业道德的作用有哪些？

2.家政服务员职业道德规范有哪些？

第九章　服务行业职业道德规范

学习目标

1.掌握服务行业从业人员职业道德规范五个方面的具体要求。

2.熟悉服务行业从业人员遵守职业道德规范的重要意义。

3.了解服务行业从业人员应如何遵守职业道德规范。

第一节　遵纪守法

最近几年的新闻报道中，服务行业从业人员违法违规的案例屡见不鲜。比如，家政服务行业中个别家政服务员偷盗财物、故意损害雇主物品，家政阿姨虐待儿童与老人等。"没有规矩，不成方圆。"心中无敬畏，行为就会缺少约束。无论是生活还是工作，都要树立规矩意识。我们每个人，都应把遵规守纪作为立身处世之本，作为一种责任、一种为人处世的基本准则，内化于心、外化于行。服务行业从业人员出现大问题往往是从破坏小规矩开始的。服务行业从业人员应牢固树立法纪意识，防患于未然，把他律和自律两者有机结合起来，使外在的律条变成内心的自觉约束。

一、走进法律

（一）法律的特征

法律是国家制定或者认可，并以国家强制力保证实施的，对全体社会成员具有普遍约束力的特殊行为规范。法律包括法令、条例、决议、指示、章程等规范性文件。它具有以下特征。

1.法律是调整社会关系的行为规范，对全体社会成员的行为具有普遍约束力　法律以人的行为为调整对象，是一种行为的准则。

2.法律是由国家创制和实施的　国家创制法律规范的方式主要有两种：①国家机关在

法定职权范围内依照法律程序，制定、修改、废止规范性法律文件；②国家机关赋予某些既存社会规范以法律效力，或是赋予先前的判例以法律效力。

3.法律以权利义务的双向规定为调整机制　法律对人们行为的调整主要是通过权利和义务的设定和运行来实现的。它明确地告诉人们应该怎样行为，不该怎样行为，以及必须怎样行为。

4.法律是以国家强制力保证实施的　法律具有国家强制性，既表现为对合法行为的肯定和保护，也表现为对违法行为的否定和制裁。国家强制力是法律得以实施的强力后盾。

服务行业绝非"法外之地"。服务机构要依法办事，服务行业从业人员要自觉遵守法律法规，多学法，做到知法、懂法、守法，特别是与服务领域相关的法律法规。无论是出于何种原因，都不能做出违法行为。

（二）法律与道德

法律与道德的关系，是古往今来一个永恒的话题，二者既彼此区别又不可分割。道德是一种特殊的社会意识形态，是以善恶为评价方式，主要依靠社会舆论、传统习俗和内心信念来发挥作用的行为规范的总和。法律与道德同属为经济基础服务的上层建筑，本质是相同的，但产生方式、实施方式、表现形式、调整范围和功能作用是不同的。

法律是成文的道德，道德是内心的法律。法律和道德都具有规范社会行为、调节社会关系、维护社会秩序的作用，在国家治理中都有其不同的地位和功能。法律的有效实施有赖于道德支持，道德践行也离不开法律约束。法律难以规范的领域，道德可以发挥作用，而道德无力约束的行为，法律则可以惩戒。

法律是准绳，任何时候都不能违背；道德是基石，任何时候都不可忽视。坚持法治和德治相结合，是中国特色社会主义法治道路的一大优势。法治，就是发挥法律规范作用，以其权威性和强制性，用法律准绳规范社会行为、社会生活、国家治理。德治，就是发挥道德教化作用，以其说服力和劝导力提高社会成员思想道德觉悟，用道德引导规范社会成员行为，调节社会关系。

二、走进纪律

（一）纪律的含义

纪律是政党、机关、部队、团体、企业等为了维护集体利益并保证工作的正常进行而制定的，要求每个成员都遵守的规章、条文。纪律，具有规范性、约束性和惩戒性，因此是不能违反的，违反了就要受到惩戒。

纪律是企业高效运营的根基和保障。一个团队的形成必须要有纪律，纪律是形成团队的必要前提，没有严格的纪律则没有一个强有力的团队。只有具备严格的纪律，企业才能长久发展。

（二）纪律与规则

国有国法，家有家规。每个人作为社会中的一员，一举一动都会受到一定的约束，否则社会秩序就无从谈起。遵守规矩，遵从规则，是对他人的尊重，也是对自己的保护。

服务行业也有自己的规则和纪律，每一位服务行业从业人员都要敬畏规则，这也是一种自我保护的方式。如家政服务人员不遵守电器使用规定，违规操作，可能引起火灾，造成严重人员伤亡和巨大经济损失；不牢记医嘱，违反用药规定，可能给雇主及其家人带来致命伤害；泄露雇主隐私，可能会给雇主人身安全带来隐患。因此，服务行业从业人员无论是在公共场合，还是在个人独处的时候，都应自觉遵守规则和纪律，不仅尊重了他人，也会在他人心目中树立起良好的形象，获得他人的尊重，为自己赢得良好的口碑。

一个不尊重企业制度、不遵守企业纪律的人，不可能是一个有团队精神、对企业负责的好员工，也很难保证在工作过程中不出现低级错误。没有任何企业能由着不守纪律的风气盛行下去，也没有任何企业甘心养着不守规矩和纪律的从业人员。一些服务行业从业人员对企业纪律的意义理解不够深刻，违反纪律，铤而走险，任由这种行为继续下去，不仅影响个人职业发展，也对企业未来发展起到负面作用。

（三）遵守规则与纪律的意义

1.遵守规则与纪律是安全的要求　服务行业从业人员在服务过程中，一定要遵守相关的规则、要求。如家政服务员，在家政服务过程中可能会存在一定的安全隐患，需要做好相应的防护措施，如在擦窗过程中，必须要遵守安全规范做好相应安全防护措施，否则可能会给自身带来伤害。家政服务员一定要深知遵守规则的重要性，只有当遵守规则成为一种习惯，才能将风险降到最低。规则无处不在，无时无刻不在起作用。

2.遵守规则与纪律是促进个人发展的要求　企业的各项规章制度虽然是限制或者要求员工不做什么或者是必须做什么，但是最终目的既是保证企业本身的稳定发展，也是为了员工自身发展和事业的成功。服务行业从业人员个人的力量是有限的，只有融入了集体，遵守行业规则与纪律，才能在工作过程中实现自我价值，成就精彩人生。

3.遵守规则与纪律是社会进步的要求　现代各种社会组织是在高度分工又高度协作的状态下进行的，每个人作为社会中的一员，都是链条中的一环，自己不遵守规则，就会给他人带来麻烦，是不尊重他人的表现。因此，自觉遵守规则，就是对规则和他人的尊重。每个人都讲规矩、守纪律，可以促进经济社会的不断进步和发展。当今社会只有形成了讲规矩、守纪律的良好社会风气，社会也才能更好、更健康地发展。随着经济社会的发展，家政服务成为新时代满足人民日益增长的美好生活需要的重要载体之一，惠及千家万户。每一位家政服务员都遵守规则和纪律，提升服务规范化、专业化水平，会增强服务对象的获得感、幸福感和安全感，成为人们打拼奋斗、促进社会进步的坚强后盾。

三、加强法纪意识，遵守法纪要求

法纪意识是对法治的敬畏、尊重和遵守的思想观念。只有培育法纪意识，才能使人们主动在思想上划出红线，在情感上明确界限，在行动上坚守底线。

（一）增强法律意识，做守法公民

1.养成学习法律知识的习惯　随着经济社会的不断发展，市场经济体制不断完善，我国的法律体系日趋完善，法律法规越来越细化，涵盖日常生活的方方面面。每一位公民包括家政服务员在内，都必须端正学习法律的态度，持续不断地加大法律法规的学习力度，自觉主动地去了解、熟悉各种法律法规，培养遵纪守法的行为习惯，将所学法律知识运用于错综复杂的生活工作当中，形成有法必依习惯，才能够适应经济社会发展需要。

2.明辨是非，用健康的心理对待工作和生活　近朱者赤，近墨者黑。环境对于一个人的健康发展非常重要。服务行业从业人员很多都是异地就业，来到异地要做到明辨是非，分清善恶，不要与社会上的不法分子接触，同时要提高警惕，不被利诱，不被利用。

以家政服务员来说，家政服务员大部分接触的都是具体的雇主家庭，这就要求家政服务员必须具备一定的情绪管理能力和沟通技巧，这是非常重要且必备的素质。家政服务员在服务过程中难免会遇到被误解、被投诉等不顺心的事情，若负面情绪得不到及时疏解，会导致家政服务员产生各种心理障碍，以及其他各种不同程度的心理问题。因此，家政服务员应该学会调整自己的心态，用健康的心理正确地对待工作和生活。家政服务员要多从正面的角度、善意的角度、解决问题的角度，处理和应对工作与生活中的困难和问题。

（二）遵守服务的规则与纪律

人类社会制定出许许多多的规则与纪律，形成了许多道德规范来约束人的活动，就是为了保证每个人的正常生活和工作，保证每个人的生命和财产不受侵犯。

1.加强服务规则与纪律的学习　服务行业从业人员必须要遵守服务过程中的各项规章制度，加强对服务行业与企业的规则与纪律的学习，明晰规则所规定的内容和工作的相关性。此外，还应了解服务的原则和程序，树立服从服务规则与纪律的观念，增强按服务制度、服务程序、服务原则办事的思想意识。服务单位要坚持抓早抓小、违纪必究、执纪必严，让每一位服务行业从业人员真正做到心有所畏、言有所戒、行有所止，阻断由"违纪"到"违法"的演变过程。

2.严格遵守服务规则与纪律　企业要通过多种形式的宣传、教育、培训，使服务行业从业人员知悉服务规则与纪律规定背后的理论基础和价值追求，强化其对规则与纪律的谨慎态度，从而形成自觉遵守服务规则与纪律的意识。服务管理必须标准化、制度化，对任何违规、违章的现象都要按照规章制度严肃处理，相关规则必须落实到服务行业从业人员的日常工作和服务中去，并且严格执行，只有这样才能保障服务有序运行。同时，服务行业从业人员也要自觉维护企业规则与纪律的尊严，不做有损企业形象、有违企业纪律的事情，主动遵守企业的制度和章程，维护企业的荣誉和形象。

家政服务人员由于工作性质的特殊性，其工作场所多是客户的家庭空间。对于雇主而言，安全性是首先考虑的要素。因此，家政服务员在工作中要遵守安全规则和工作纪律。首先是遵守家电使用规定，对于不会使用的电器，未经雇主指导或允许不要擅自使用。家政服务员在照护患者时要遵守医嘱，如果违反用药规定随意用药，可能会给他人带来致命伤害。最后，要保护雇主隐私。保守雇主的隐私是家政服务员必须要遵守的纪律，尤其是为一些作为公众人物的雇主服务时更是如此。保守雇主的隐私包括：不得向他人泄露雇主的家庭成员情况、经济情况、工作情况或家庭住址、电话号码等个人信息，不得随意在雇主家拍照，更不能把在雇主家拍摄的各种照片发到社交媒体上。除此之外，不可以向雇主索要财物，未经雇主同意不使用其通信工具和电脑等设备。

服务行业从业人员应当遵守服务机构规章制度，遵守技术规范，服从管理者的管理和正当的工作安排。如果违反服务机构的规章制度，一方面会损害服务机构的形象和利益；另一方面服务行业从业人员也会受到相应的惩戒，严重的甚至面临被开除的风险。技术规范是服务行业从业人员业务操作过程中保证质量与安全的重要规范。服务行业从业人员应当遵守技术规范，根据技术规范要求从事服务，不错误操作，不遗漏操作程序。错误地操作，轻则可能导致工具的损坏，重则导致人身伤亡。

第二节　诚实守信

诚实守信是人类千百年传承下来的优良道德品质。诚信既是个人道德的基石，又是社会正常运行不可或缺的条件。诚信缺失的个人将失去他人的认可，诚信缺失的社会将失去人与人之间正常关系的支撑。

一、诚信的含义和重要性

（一）诚信的含义

诚信是中华民族的传统美德，也是社会主义核心价值观的重要组成部分，具有广泛而深刻的含义。诚信就其内涵而言，包括诚和信两方面。"诚"代表的是诚实无欺、做人诚实、实事求是；"信"是指讲信用、守信义、不虚假。《现代汉语词典》将"诚信"解释为"诚实，守信用"。

诚信是每位公民应该具备的基本素质，也是社会文明的重要象征。人无信不立，国无信不昌。诚实守信是为人处事的基本原则，它渗透在人们生活的各个方面，小到为人诚实，不说谎话，大到对事业、对祖国的忠诚，这些都是诚信的表现。诚信是一个文明国家最重要的评判标准，如果一个国家，一个社会连最基本的诚信都做不到的话，那么它将无法自立于世界民族之林。

古有两则关于诚信的故事。一则是"徙木立信"，说的是商鞅变法之所以取得成功，正是言必行，行必果，一诺千金的结果；另一则是"烽火戏诸侯"，周幽王死于非命，最终导致西周灭亡，也是戏弄诸侯，失去信任的后果。商鞅和周幽王对待诚信的不同态度，对他们的人生产生了不同的影响。

任何时候，依法诚信经营都是企业安身立命之本。对于家政企业而言，诚信也是家政企业的立业之本。作为一项普遍适用的道德规范和行为准则，诚信有助于建立行业之间、企业之间的互信互利的良性互动关系。"诚招天下客，誉从信中来"，以诚信擦亮品牌，企业才能立得住、行得稳。一个不讲诚信、不讲信用的家政服务企业，在现代法治社会中不会有长久的立足之地，最终会被淘汰，家政企业只有依靠诚信才能顺利发展。

对于服务行业从业人员而言，诚信是立身之本，处世之道。一个优秀的家政服务行业从业人员不仅需要不断地学习和提升获得家政服务知识和服务技能，更需要有诚信的品质和高尚的道德。服务行业从业人员若能以诚立身，就会做到公正无私、不偏不倚、讲究信用，就能守法守约、取信于人，就能妥善处理人与人、人与社会之间的关系。

（二）诚信的重要性

诚信的重要性不言而喻，无论对个人、企业，还是对社会、国家，诚信都是无价之宝。当前，随着生活节奏不断加快，社会对服务行业的需求越来越大，从育养婴幼儿，到照料老年人；从帮助双职工解决孩子吃饭难的"小饭桌"，到分担上班族家务劳动的"小时工"……服务行业特别是家政服务愈发多样化，帮不少家庭缓解了"后顾之忧"。然而在服务工作当中，出现了一些不守诚信的现象，有的服务行业从业人员隐瞒真实信息、不按合同约定提供服务；有的服务行业从业人员顺手牵羊、偷工减料，致使服务效果大打折扣；有的服务行业从业人员爱占小便宜、斤斤计较，在服务中遇到不顺说不干就不干；有的服务行业从业人员弄虚作假、伪造证书，欺骗企业和服务对象等。这些信用缺失问题较为突出。最终由于服务行业从业人员不守职业道德，不讲诚信，服务双方形成了"双输"的结局。

家政服务行业从业人员诚信缺失会带来以下两个方面的危害。

1.弄虚作假，破坏家政市场氛围和良好的风气　家政服务员在上岗提供家政服务前，家政企业应对家政服务员相关资历、技能证书等进行查验，确保其有从业资质。有的家政服务员平时不努力，缺乏真才实学，为了得到工作，在培训考核结束后购买假证，开具虚假证明，隐瞒个人不诚信经历。若任由这种情况发展下去，不仅使家政服务技能证书、培训考核形同虚设，更会让家政服务员产生投机取巧、不劳而获的错误观念，也扭曲了家政服务员的心灵。

2.缺乏诚信意识，破坏公平竞争的规则　缺乏诚信意识，不仅会破坏家政服务市场的公平竞争的规则，也会阻碍家政服务员自身的发展。有的家政服务员不遵守合约，一旦遇到出价更高的公司或者服务对象，可以立即把手上的工作一丢，然后跳槽，说不干就不干了，让服务对象措手不及；有的家政服务员没服务几天就要求涨工资，没谈妥立马走人；有的家政服务员在服务中接私活，对本职工作打折扣。这其实都是家政服务员对企业、对服务对象的不诚信。

二、诚信助人成功

（一）诚信是事业发展的基础

诚信是中华民族的传统美德，也是每一个有品行的人必备的品质。诚信不仅是处世之本，也是立业之基。对于家政服务员来说，诚实守信是最基本的素质和品格，缺乏诚信不仅难以在事业上取得成功，更难以立足于社会。服务行业从业人员对诚信品格的培养，是未来成功的资本，不但有助于事业的成功，也有助于人格的完善。服务行业从业人员应尽心尽力履行自己的社会责任，做好自己的服务工作，建立诚实守信的个人信誉，才能获得更多的发展机会。

（二）诚信是最基本的社会准则

无论是在日常生活，还是在企业经营中，诚信都是最基本的准则。古往今来，中华民族涌现出一批批诚信楷模，他们以信立身、以身为范、以范为德，用感人的事迹、高尚的行为、榜样的力量感染、鼓舞、引导人们塑造诚信形象，树立诚信社会风尚。不管是对企业还是个人而言，诚信都是最基本的准则。"以诚实守信为荣，以见利忘义为耻"是时代赋予我们的要求。服务行业从业人员要努力培养自己的诚信意识，不为追求眼前的利益而罔顾诚信，要从小事做起，让诚信成为心中最质朴的道德定律，成为自觉行动。

（三）诚信是一种道德规范，同时也受法律约束

诚信是新时代社会人和职业人必须具备的基本素质。服务行业从业人员应当大力提倡诚信理念，增强诚信意识。在构建社会诚信体系的背景下，还应建立规范、科学、操作性强的服务行业从业人员诚信评价体系。诚信不仅是社会道德规范，更是一种法律强制的行为。每一位服务行业从业人员都应该自觉遵守法律规范的诚实守信要求，在实践活动中不断强化诚信。

三、保持诚信，遵守信约

诚实守信是做人做事的道德底线。无论在什么领域，恪守信约都是成功之本。服务行业从业人员的诚信主要强调两个方面：①为人处世真诚诚实，在工作和生活中要实实在在做人，尽心尽力做事；②恪守信约，遵守合同，按照双方的约定保质保量、按时完成工作。恪守信约是对服务工作认真负责的一种表现，它既包括恪守成文的信约如合同、承诺书等，也包括恪守不成文的信约，如助人为乐、关心同事等。

（一）遵守合同，信守承诺

世间行业千万种，各行各业都有自己的职业道德规范，不管是哪种职业道德，"言必信，行必果"是最基础、影响最大的道德品格之一。不论什么时代、什么时候、什么身份，言出必行的人总是受人敬重的。比如对于家政服务员来讲，未来的从业路上，个人的诚信记录将越来越重要。家政服务员要从心底深刻认识到信守承诺的重要性，在任何时候都要以诚信为本。家政服务员严格遵守家政企业合同，信守对顾客的承诺与约定，承诺的事情就要努力去兑现，这不仅为家政企业经营提供了一定的抵御风险保证，在发生纠纷时，也能按照合同规定保障自身合法权益。家政服务员恪守诚信原则，还会产生巨大的社会效应，改变社会上一部分人对于家政服务员和家政服务行业的偏见，这又可以促进家政服务员工作业绩的提高和家政服务行业高质量可持续发展。

（二）恪守信约，尽职尽责

恪守信约的服务行业从业人员应尽职尽责、保质保量地完成工作，不故意拖延工作，积极帮助新入职的家政服务员熟悉工作，在做好自己的服务工作的同时，也关心和帮助他人工作。对工作中的不足和差错，服务行业从业人员应立即改正，并及时总结教训，继续以满腔热情进行服务。面对工作中的困难，要有千方百计战胜困难的决心和意志，而不是停滞不前，患得患失。

比如，恪守信约的家政服务员对自己的工作有着良好的敬业精神和一丝不苟的工作态度，在各种各样的诱惑面前，有非常强的自制力，把工作安排得有条不紊。他们既有长远的规划，也有短期的计划，会制定应对可能发生的问题的处理预案。他们在提供服务时小心谨慎，随时注意服务过程中存在的问题。他们重视经验总结，并会把这些经验运用在将来的工作中。他们会预估未来事件和服务过程可能造成的影响，并做好思想上、工作上的准备。

第三节　爱岗敬业

敬业是中华民族的传统美德。在当代社会，热爱与敬重自己的工作和事业，已经成为职业道德的灵魂，是公民应当遵循的基本价值规范之一。

一、感悟敬业

敬业是一个人对自己所从事的工作负责的态度。爱岗敬业是企业和社会对每一位从业人员的工作态度的普遍要求，体现的是人们热爱、珍视自己的工作和职业，勤勉努力，尽职尽责的道德操守。从家政服务业发展来讲，母婴护理、养老照护、家庭厨师、收纳、保洁……如今，越来越多中国家庭用上家政服务。家政服务业的蓬勃发展，为越来越多的劳动者提供了新机遇。家政服务员在家务服务、养老服务、新生儿护理等不同领域发挥着重要的作用，涌现出了许多在平凡的岗位中兢兢业业工作，实现人生价值的优秀从业人员。他们来自五湖四海，在平凡的岗位上默默坚守，融入城市的万家灯火之中，靠着自身的勤奋与奉献，在家政行业中大有作为。

（一）爱岗敬业的内涵

敬业要求人们在工作中要保持严格遵守职业道德的工作态度，如对于家政服务行业来说，敬业要求家政服务人员热爱自己所从事的行业，并积极面对工作；有责任心，努力工作，在奉献中体现个人价值，并树立良好口碑；遵守合同，按照合同约定内容提供服务，不无故违约，不无故要求换工作岗位或与雇主不辞而别；尊重敬畏自己所从事的工作，认真完成工作任务，努力培养自己对家政服务工作的幸福感和荣誉感。

热爱自己的工作和所投身的事业，是敬业的前提。工作岗位对于人们而言，不仅意味着生活的经济来源和谋生的手段，还意味着一个社会承认的正式身份和与之伴随的社会责任。只有当人们把工作当作自己珍视的领域，视为自己价值得以表达的所在时，他才有可能进行真正的精力与体力的投入，才有可能克制自己放松懒惰的想法，才有可能不满足于自己所取得的成就。每一个服务岗位都承担着一定的职能，是服务行业从业人员在社会分工中所获得的角色。

爱岗敬业除了是对工作的感情之外，还要用一种严肃的态度对待自己的工作，勤勤恳恳、兢兢业业、忠于职守。只有在本职工作中精益求精的人，才能在磨炼自己品格、提升自己能力的同时，做出一番成就来。作为服务行业从业人员，无论是在择业还是在就业过程中，都要从社会需求的角度出发，培养自己服务的兴趣，热爱自己所从事的工作，对于那些条件艰苦，或者地点比较偏、内容单调的服务工作，也要抱着干一行、爱一行的态度，适应不同岗位的要求。在所有服务岗位上都能认真工作的服务行业从业人员才能更好地赢得社会和他人的尊重。如果服务行业从业人员在自己的工作岗位上不能做到忠于职守、尽职尽责，不仅会影响企业的生存和发展，有时还会给国家、社会造成一定程度的损失。

爱岗敬业是职业道德的总体要求，是一个人基本素质的体现，体现着一个人对社会、对企业、对集体的责任感与奉献精神。爱岗敬业的人，会自觉学习，刻苦钻研，提高自己做好工作的本领；会严格要求自己，完成各项艰巨的任务；会不甘现状，开拓创新，不断超越自己；会帮助别人，携手同事，共同创造成绩，爱岗敬业体现了优秀从业者最基本的素质，展示了其内心执着的追求和永不放弃的责任。各行各业都将爱岗敬业放在各项职业道德规范之首，并以此作为选择、培养和考核员工的重要标准。爱岗与敬业是相互联系的，爱岗是敬业的基础和前提，敬业是爱岗的具体表现和对爱岗情感的进一步升华，不爱岗的人，很难做到敬业，不敬业的人很难说是真正地爱岗。家政服务员只有做到了爱岗才能敬业，敬业才能将工作做到最好，激发出对岗位的无限热爱之情，两者相辅相成，互相促进。爱岗敬业是家政服务员生存和发展的需要，只有做到爱岗敬业，才能激发出无穷的工作动力，更有勇气和力量克服工作中遇到的困难。爱岗敬业也是社会存在和发展的需要，每一位家政服务员都应具备爱岗敬业的工作态度，为社会的发展做出自己的一份贡献。

（二）爱岗敬业就是干一行、爱一行

爱岗敬业是一种可贵的职业品质。一个人要想获得成功或是要得到他人的尊重，就必须对自己所从事的职业、对自己的工作保持敬仰之心。

对于家政服务行业来讲，首先，爱岗敬业并不是说要排斥家政服务员的全面发展，要家政服务员终身从事一个工作。爱岗敬业，热爱本职工作，并不是要求人一生只能干"一"行、爱"一"行，也不排斥人的全面发展。干一行、爱一行的真正含义是要人们通过本职活动，在一定程度上和范围内做到全面发展，不断增长知识和才干，努力成为本行业的多面手和专家。家政服务员，要根据家政企业和社会的需求，并结合自己的专业特长和兴趣爱好，进行正确的职业定位，充分发挥个人的积极性和创造性，提高自身的就业竞

争力，自觉遵守"忠于职守、爱岗敬业"的职业道德规范。

其次，是否爱岗敬业是用人单位和服务对象在进行选择时要考虑的一项非常重要的标准。例如，家政企业往往更倾向于录用具有爱岗敬业精神的人，因为"干一行、爱一行"的人，更能够专心致志地做好本职工作。只从个人兴趣出发，见异思迁，"干一行、厌一行"，不但自己的聪明才智得不到发挥，甚至会给企业带来损失。因此，如果没有"干一行、爱一行"的精神，很难干好工作，很难做到爱岗敬业。这样的家政服务员，也不可能得到家政企业和服务对象的青睐。

二、敬业使人成功、敬业成就事业

（一）敬业使人成功

人具有很强的可塑性，不管是在自己熟悉的领域还是在自己不熟悉的领域，都蕴藏着很大的有待发掘的潜力。岗位无高低贵贱之分，每个人他无论从事的是什么职业，都有责任和义务做好自己的本职工作。在当今竞争激烈、优胜劣汰的环境下，不敬业、不乐业的人很容易在职场被淘汰出局。一个人一时爱岗敬业很容易，但是在工作中始终如一，将爱岗敬业精神作为自己的一种职业品质却是难能可贵的。只有全心全意、尽职尽责地工作，才能在自己的工作领域出类拔萃。这既是敬业精神的直接表现，也是社会和企业对每一个从业人员的基本要求。

敬业精神可以让服务行业从业人员从平凡走向优秀，从优秀走向卓越，它也是服务行业从业人员不断超越自我、取得事业成功的核心竞争力。如果服务行业从业人员对工作满怀热情，竭尽全力，就能超越平庸的工作，成就完美的事业。哪怕是最平常的服务，也倾注着服务行业从业人员的心血和热忱，这些心血和热忱，可以使它成为一项高尚而快乐的事业。

（二）敬业成就事业

敬业精神是成就事业的前提和基础，有了敬业精神才能有立业之本、立业之能，敬业精神会化苦为乐，化复杂为简单，化踌躇为果断，敬业精神会让人们产生无穷的毅力和决心，成为人们实现职业理想的强大支撑力。

一个人的成才与成功，外部因素固然重要，但更重要的是自身的勤奋与努力。勤奋才能敬业，勤奋工作才能激发人们的内在激情，才能使人们增长工作智慧。这是创造最佳工作业绩的有力保证。如在家政服务员职业发展的道路上，敬业精神直接决定着家政服务员未来事业发展的高度。只有认识和领会了勤奋敬业的内涵，才能不断提升自我，追求卓越。作为家政服务员，必须要将爱岗敬业意识内化为一种品质，实践于行动中，把爱岗敬业的精神作为一种职业习惯，融入自己工作的每一个细节中。用积极主动和愉悦的心态来面对工作，做事积极主动，勤奋认真，一丝不苟。这样不仅能获得宝贵的经验和成就，还能在工作中体会到快乐，得到同事的钦佩和关注，受到企业的重用。作为家政服务员只有干一行、爱一行、精一行，才能更好地适应家政服务发展的要求，才能发挥自我效能，提高工作效率，获得事业的成功。

三、传承敬业精神

（一）让敬业成为职业习惯

好的职业习惯并非与生俱来，需要人们不断地培养和锻炼，从简单的小事和细节做起，将良好的职业态度和职业习惯植根到自己的意识里。即使以后从事不同的职业，爱岗敬业精神也必然会对事业发展有所助益。服务行业从业人员既要树立远大的职业理想，又要根据自身条件进行合理的职业规划。每一位服务行业从业人员都要热爱自己的本职工作，将自己的职业兴趣与社会、企业的需求结合起来，把社会的需要作为自己的志愿，将行业的需求作为努力的方向，在工作中逐步培养自己的职业兴趣和职业能力。

（二）有爱岗敬业的具体行动

服务行业从业人员要树立远大的职业理想，将国家的繁荣富强当作自己的责任，将工作当作我们的神圣使命，当作家庭幸福、社会发展的源泉，用一颗真诚的心去对待工作，才能真正感悟工作的价值和生命的意义。

服务行业从业人员要积极进取。爱岗敬业不仅意味着服务行业从业人员要努力做好本职工作，还要求服务行业从业人员在职业生涯中不断思索如何提升自己的职业能力，掌握服务技巧，把工作做得更好。服务行业从业人员要勤于思考，改进工作方法，提高工作绩效，创造更多效益，努力成为服务领域的业务骨干和服务尖兵。

（三）乐业才能敬业

责任心强的人往往都很敬业，但是乐业的人不仅具有强烈的责任感，还对自己所从事的职业充满了兴趣，从工作中找到快乐和成就感。每个人都有无限潜能，每份工作都有其自身价值。所谓"乐业"，是能够真正喜爱和享受自己的工作，能全身心投入自己的工作中，不断获得其中的快乐和意义。乐业是爱岗敬业的前提和基础，喜欢自己所从事工作的人，能以积极的心态对待工作，发现工作是一件充满价值和乐趣的事。当人们以热情的态度去面对自己的工作时，即使遇到困难和挫折，也会主动寻找出现问题的原因，然后找出解决的办法。服务行业从业人员，应用乐业的心去发现服务行业给从业者带来的成就感和满足感，用敬业的心去发掘自身蕴含的无限活力和巨大的创造力。服务行业从业人员对于自己的工作越热爱，决心越大，工作就越快乐，工作效率就越高。

热爱你的工作，全身心投入本职工作中，从平凡的工作中感受到它的不平凡之处，找到其中的快乐和意义，最终你会成就自己的一番事业。只有敬业乐业的服务行业从业人员才能为自己的生存和发展创造出必要的物质财富和精神财富，才能拥有生活的不竭源泉，才能找到生存的真谛。敬业乐业能使服务行业从业人员的生活变得更有乐趣和意义，为服务行业从业人员创造更多从事自己所热爱工作的机会，带来更多新的职业发展机遇，也能促使服务行业从业人员为企业、为社会贡献更大的力量，并创造出更高的价值。

岗位情境模拟

情景描述：小刘进入家政服务行业时才22岁，初入家政行业，许多服务对象因其太年轻而质疑她的工作能力和经验。小刘认为自己虽然年纪小，但并不代表自己能力低，她也不甘心因为年龄原因一次次被客户拒之门外。

请问：如果你是小刘，为了打消客户顾虑，你会怎么做？

参考答案：用自己良好的职业修养打消客户的顾虑。不仅是要有与自己的职业相契合的外在形象，还包括品德、专业能力和知识结构。良好的修养能够让客户产生信任感。家政服务员追求的不应该是漂不漂亮，而应该是有没有修养，能不能展示出自己是受过专业培训、拥有丰富工作经验、能够为雇主解决问题的人。

用真诚打消客户的顾虑。坦诚相待、真心相对，才能得到别人真心回报。一个人只有用真诚对待工作，对待周围的人，才能收获肯定。与雇主的交往既要真诚，又要保持适当的分寸。

第四节　尽职尽责

服务行业服务对象广泛，从刚出生的宝宝到满头白发的老人，从职场精英到普通家庭，都可以成为服务行业的服务对象。很多时候，服务行业考验的就是服务人员的专业能力和责任感。

一、责任是一种力量

（一）责任意识

"责任"二字，指向应尽的义务、承担的重托。责任是对任务或义务的一种负责和承担。每个人对工作、对单位、对家庭、对亲人，都负有一定责任。正因为担负着各种责任，人们才会对自己的行为有所约束，让自己的行动有所指向。责任意识是人们对自己的角色职责的自觉意识，清楚明了地知道什么是责任，并自觉、认真地履行社会职责和参加社会活动过程中的责任，把责任转化到行动中去。它包含两层含义：①人们的行为必须对自己、他人和社会负责任；②人们对于自己的行为必须承担相应的责任。敢于担责、勇于尽责，方为"责任感"。一个人责任感的强弱，决定了其对待工作是尽心尽责还是浑浑噩噩，而这又决定了工作成绩的好坏、人生成就的大小。

责任意识的自觉建立在对责任的认知和对责任行为后果的了解基础上。当一个人在做一件事、做一项决定时，对应不应该这样做、怎样做、为什么这样做等问题事先有所考虑、有所准备，这种准备和考虑就是为可能出现的后果做出的，如果出现了这样或那样的结果应该怎样处理，这就涉及责任担当的问题。能够自觉地承担后果是负责任的行为，不主动或逃避承担行为后果就是不负责任的行为。

责任意识不管在服务中还是创业中都起着非常重要的作用，责任意识不论对于个人还是对于企业来说都是经久不衰的发展原动力。

1.责任是一种使命 当一个人为责任感所驱动，他的人生也就有了超越一人、一时、一地的意义，拥有了更开阔的向度。有了责任心，生活就有了真正的含义和灵魂。人一生会经历不同的人生阶段，扮演不同的社会角色，不同的角色则意味着不同的责任，不同的责任赋予了人们不同的使命，人们要勇于承担起这些责任，完成属于自己的使命。

2.责任是职场成功的原动力 任何人的成功，都需要付出艰难的努力和不懈的奋斗。这种努力首先是他要做好自己的本职工作，认识到自己的工作在组织中的重要性，承担起工作赋予他的责任。优秀的员工都具有高度的责任感。在工作中，他们知道自己的具体职责是什么，能够勇敢地担负起责任，认认真真地做好分内工作，得到企业和服务对象的尊重和认可。

比如，家政服务员要想有所作为，就要树立起在工作中实现自我价值的理念，并做好自己的本职工作。家政服务员要时刻记住自己的工作和责任，工作意味着责任，把工作当成一种责任才能做得更好。唯有家政服务员认清自己为社会服务的责任，并且承担起这些责任后，家政服务行业才能够变得更强大，家政服务员的人生才会有更精彩的展示平台，家政服务员的事业也才更有成功的可能。

（二）责任感缺失的具体表现

责任心无形，但责任宝贵；责任心无价，但责任无处不在。然而在现实中，却有部分服务行业从业人员缺乏责任感，具体表现为以下几个方面。

1.职业责任意识模糊 社会上的每一个行业都对社会或其他行业担负着一定的使命和

职责，从事一定职业的人们也对本职工作担负着一定的职业使命、职责、任务。能否履行职业责任，是一个职业工作者是否称职、是否胜任本职工作的根本问题。部分服务行业从业人员在角色转变过程当中，存在职业责任意识模糊甚至缺失的情况。特别是有服务行业从业人员职业素养不够强，对业务不熟悉或者业务能力较差，对工作不够认真投入，在服务过程中敷衍了事，这是一种对他人、企业、社会不负责任的表现。

2.集体责任观念淡薄　有的服务行业从业人员在进入服务行业之后，坚持以自我为中心，我行我素，在思想上、情感上缺乏对企业和社会的认同感、归属感和责任感，团队意识和协作精神缺乏，服务意识、奉献意识淡薄，他们对企业、社会只是一味地索取，遇到困难首先想到的是逃避，缺乏乐于奉献、吃苦耐劳的精神，没有形成与企业风雨同舟的集体责任观念。

二、负责精神是事业成功的基石

（一）认清岗位责任

一个人是否具有良好的责任意识，直接影响其对待工作的态度和职业生涯的发展。具有较强责任意识的人，一定会严格要求自己，认真负责，业务上肯钻研、思想上肯进取、工作上肯奉献，处处体现出对事业矢志不渝的执着追求，也只有认真负责，认清自己的岗位责任，处处严格要求自己，对工作不将就、不糊弄，才能消除工作上的"差不多""可能""估计"等不确定因素，保证工作不出差错和纰漏，为事业成功打好坚实基础。

以家政服务来说，家政服务员在工作中要学会承担责任，培养良好的责任意识，使之成为一种职业能力和职业习惯。当家政服务员进入家庭服务时，必须承担起家政服务工作带给自己的责任。学会承担工作责任是家政服务员职业生涯中最重要的一步。在服务中，家政服务员首先要对自己承担的工作责任有全面的了解和认识，熟悉自己的工作职责和服务内容，针对性地学习相应的岗位所需的知识和技能，提高业务素质和实际工作能力，充分发挥自己的专业优势，适应工作要求，承担工作责任，展现出一个负责任的形象，为今后的工作和未来长远的发展打好基础。

（二）责任伴随机会

"机会在哪里？"这是很多渴望成功的人经常挂在嘴边的一句话，他们喜欢到处寻找属于自己的机会。事实上，机会就在每个人的身边。只有能在工作中承担责任的人才能得到更好的机遇。责任有多大，舞台就有多宽广。无论在哪个职位上，都不应该轻视自己的工作，都要担负起工作的责任。做好本职工作，敢于承担自己工作中相应的责任的人总能成长得很快。在工作中推三阻四，总是埋怨环境，推卸责任的人，往往一事无成。胸怀大局，勇于承担责任，具有强烈责任意识的服务行业从业人员也总能主动抓住机遇，发掘自身潜力，创造更多新的价值，在同行中脱颖而出。

三、责任成就卓越

（一）把负责当成一种态度

在工作中，能够在适当的时机得到企业青睐的，永远都是具有强烈责任感的人。当企业的员工把负责当成一种态度时，无论身处何时何地，都不会忘记自己应尽的责任。勇于承担责任不仅是非常重要的职业素质，也是优秀的职业习惯。企业的生存、发展与服务行业从业人员承担责任的意识息息相关。发展得好的企业都有一个很重要的特点，就是企业中的服务行业人员具有很强烈的责任心。正是这种责任心，促使企业在行业竞争中处于优势地位。而这种道德责任感，也是服务行业从业人员成就个人事业的坚实基础和必要条件。

一名负责任的服务行业从业人员，往往会具备以下几个特点。

1.在服务中保持高度的热情并且甘于付出 能够克服日复一日的服务工作带来的职业倦怠，发现工作中有意义、有价值的地方，保持对工作的热情，只有这样才能在服务行业有良好的发展。

2.愿意帮助别人也愿意与他人合作 优秀的服务行业从业人员视其他服务人员为同舟共济的好伙伴，愿意与他们互相合作，而只有敢于承担责任的人，才能在合作中得到他人的信任和帮助，进而在与他人的互助合作中实现自我价值。

3.遵守行业的规则和制度 服务行业是其从业人员生存和发展的平台，而制度和规范是行业运行的保障，有责任心的服务行业从业人员通常也是严格遵守行业制度和规范的好员工。

4.赞同支持维护行业的目标 具有责任心的服务行业从业人员首先应热爱自己的行业，具有行业主人翁意识，将个人发展和行业的发展结合在一起，将行业的发展目标作为个人努力和前进的方向。

（二）勇于承担责任

服务行业从业人员只有认识到自己对社会、对企业和对他人应承担的职业责任，把它变成自己内心的道德情感和信念，才能自愿自觉地从事本职工作，表现出良好的职业道德行为。

服务行业从业人员只有培养自尊自信、自立自强的意识，才能对自己负责；只有树立主人翁意识，将个人与企业的发展结合起来，尽职尽责，才能对企业负责；只有认真做事，为服务对象排忧解难，努力将服务工作做得尽善尽美，才能对服务对象负责；只有努力为社会创造新的价值，节约资源，奉献社会，才能对社会负责。

人非圣贤，孰能无过。服务行业从业人员在服务过程中出现问题是无法避免的，面对出现的问题时，勇于承担责任的服务行业从业人员会积极面对问题，思考如何处理问题，并从中总结教训，避免继续出现类似问题。犯了错误能够勇于承认并有勇气主动承担过失，不逃避，不推诿。这样的服务行业从业人员会得到服务对象和企业管理者更多的赏识。

在家政服务过程当中，家政服务员要做一个勇于承担责任的人。要成为称职的家政服务员需要做好自己的本职工作，但要成为优秀的家政服务员，就要不断改进工作方式方法，力求做得更好。优秀的家政服务员愿意把承担责任作为自己的职业习惯，他们是家政行业发展的中流砥柱，是家政行业发展的原动力。他们会尊重自己的职业，主动为自己设定工作目标，全身心付出，一步一步、脚踏实地地实现目标，并不断提升业务水平，实现自己的职业价值。

第五节　服务群众

随着社会经济的发展，以及物质生活水平和精神生活水平的提高，人们对于服务领域的要求也日益规范化、专业化和精细化。服务行业从业人员的心态、服务意识、学习能力、接受能力、工作经验等都会在一定程度上影响服务质量。服务行业从业人员只有树立服务意识，才会使自己的服务成为一种自然而然的行为。服务行业从业人员应做到：①要有服务的意识和心态；②要有服务的能力和水准，二者缺一不可。

一、精益求精，注重细节

（一）精益求精的工匠精神

劳动者的素质对一个国家、一个民族的发展至关重要。不论是传统制造业还是新兴产业，工业经济还是数字经济，执着专注、精益求精、一丝不苟、追求卓越的工匠精神始终是创新创业的重要精神源泉。工匠精神指的是一种勤勉认真、精益求精、追求完美的精神。工匠精神不仅表现为注重细节、精雕细琢、追求完美，而且包括与时俱进、勇于创新。

精益求精，顾名思义，是指某方面已经取得不小的成绩，但仍需继续努力，以求做得更好。精益求精是一种精神、一种态度，更是一条道路，一条通向创造完美品质的道路。

"天下大事，必作于细"。要做到精益求精，就要从小事做起，从细微处做起。精益求精是注重细节的精神，细节决定成败。俗话说，小洞不补，大洞吃苦，往往是因为一些小事情的疏忽而造成事故，恰恰是因为没有注意到、容易被人忽视的小细节而带来不良的后果。注重细节，一丝不苟，就是精益求精的体现。

"精益求精的工匠精神"，强调的是服务行业从业人员的服务水准及与之匹配的服务能力。服务行业从业人员要培养精益求精的好习惯，可以从以下几个方面来努力。

1. 常怀"五心" "五心"即细心、耐心、恒心、专心、虚心。细心、认真是成就工作的法宝，考虑细节、注重细节的服务行业从业人员不仅能够认真对待工作，还能在细节中不断总结进步；耐心考验人的意志和定力，耐心可以使服务行业从业人员克服浮躁的情绪，做事有条不紊；做事贵在坚持，要有恒心恒念，恒心可以使服务行业从业人员坚持不懈；专心可以使服务行业从业人员一心一意，心无旁骛地进行工作；虚心可以使服务行业从业人员时刻反省自己，并在必要时从外界获得帮助，从而更好地完成工作。

2. 从小事做起 事情无论大小巨细，做的时候都要尽心尽力、力求完善、精益求精。以家政服务工作为例，家政服务主要围绕家庭日常生活的小事展开，看似简单，真正要做好却需要家政服务员在踏实的工作中不断地学习和总结积累。服务行业从业人员要脚踏实地地工作，忠于职守，勤勉认真，在工作中提升专业技能。服务行业从业人员在进行家政服务过程当中要多观察、多思考、多总结、多反思，发现问题及时处理，并不断优化问题解决方案。

（二）细微之处见真章

所谓"窥一斑而知豹，落一叶而知秋"。细节，往往能折射出一个人的人品、素养等。做人、做事都要从一点一滴的小事做起，把每一件简单的事做好就是不简单，把每一件平凡的事做好就是不平凡。一件事的成败，很多时候并不是败在能力上，而是败在细节上，注重细节，把细节做到极致，也就离成功不远了。

以家政服务来说，家政服务员就非常需要注重细节。家政服务员日常面对的通常是琐碎的小事，但若因此而降低对自己的要求，不注重细节，依然会影响服务质量，进而影响到服务对象对家政服务员的整体印象和评价。家政服务中有很多小细节，一旦家政服务员做好了，服务对象的服务体验就会大不一样。比如服务对象家里有刚学会走路的儿童，家政服务员就需要提醒服务对象把家具的尖角包好，防止磕到孩子；热水瓶要放到孩子碰不到的高度，防止烫到孩子；刚做好的热菜热汤也要放好，防止孩子碰到；给孩子吃药前一定要看好药品的名称和用量，防止错误用药；为孩子洗澡前，确认水温适当等。

二、提高服务软实力

（一）同理心

同理心是在人际交往过程中，能够体会他人的情绪和想法、理解他人的立场和感受，并站在他人的角度思考和处理问题的能力，也就是我们日常生活中提到的设身处地、将心比心的做法。在人际交往中，无论面对什么样的问题，如果我们都能设身处地、将心比心，尽量了解并重视他人的想法，就会很容易找到问题的解决方案。

服务行业从业人员在日常服务中要学会使用同理心来与服务对象进行沟通，以更好地理解服务对象，处理双方沟通中产生的误解与矛盾。同理心能够让服务行业从业人员更好地去理解服务对象的心理情绪和感受，站在服务对象的角度去思考和行动，感受对方所处的真实环境和心态，理解对方的想法，从而选择恰当的沟通技巧，组织沟通语言，让服务行业从业人员和服务对象的沟通更有效，避免沟通陷入僵局或使矛盾激化。同时服务行业从业人员也更容易找到矛盾产生的原因，并思考如何避免后续有类似矛盾产生。当然，在与服务对象沟通中引入同理心是为了帮助服务行业从业人员更好地理解对方，但不是完全迁就对方的意愿。如果服务对象的做法或想法有欠妥当的地方，服务行业从业人员也应该委婉指出，而非无原则地让步和妥协，那样只会让双方沟通的效果越来越差。

在与服务对象沟通的过程中，服务行业从业人员需要经常用同理心来进行自我评价，感受自己在别人眼中是怎样的形象。如服务行业从业人员在与服务对象沟通时，有时自己会滔滔不绝，不给对方反应的时间，这时如果服务行业从业人员用同理心感受一下，可能会注意到对方已经流露出不耐烦和生气的情绪，那此时服务行业从业人员应该适时把发言的机会让给对方，必要的情况下还要给对方礼貌地道歉以赢得谅解，这样才能使沟通变得更加顺利。

（二）积极沟通

积极的沟通是人与人之间相互传递信息的过程，是人们运用语言或非语言的符号交换意见、传达思想、表达感情和需要。服务的过程也是服务对象和服务行业从业人员不断沟通的过程，通过沟通，既能够传递信息，也能够疏通心理和加强情感联系。如果服务行业从业人员和服务对象欠缺沟通，就可能引发许多由于沟通不畅而造成的误会。可以说，离开了沟通，服务行业从业人员就不可能进行有效服务。

以家政服务来说，每个家庭都有自己的一些生活习惯和家规家风。很多家政服务员到雇主家中工作前和工作中，雇主都会口头上或文字上告知其家中成员的生活习惯、相关的要求等。对于家政服务员来讲，进入服务对象家庭中，第一步要做的就是尽快了解服务对象家中的基本情况，例如说照料老人要了解老人的脾气性格，照料产妇要了解产妇的身体状况。其次，家政服务员和服务对象间要进行有效的沟通，要了解服务对象想要什么、喜欢什么、讨厌什么、存在哪些问题、有哪些困难、希望家政服务员达到什么样的工作标准等。比如说，有些雇主会有固定的购物习惯，家政服务员就应该按照雇主的购物喜好和习惯去购置物品。家政服务员和服务对象的沟通应建立在相互理解、相互信任的基础上，这是建立和谐家政服务关系的基础。事实上，家政服务中非常多的误会都是由于缺乏沟通造成的。如服务对象认为卫生打扫不彻底，桌子没有擦干净，碗只洗了一遍等，但从家政服务员的角度来看，他觉得已经很干净了。也就是说，这个分歧的产生是由于家政服务员和服务对象所认可的卫生标准不一样。为避免类似情况出现，服务对象就需要给家政服务员一个明确的工作标准，帮助其达到自己的要求。

三、服务成就自己

（一）学习使人进步

近年来，我国服务行业市场规模持续扩大，对具备较高专业素质服务人员的需求也逐渐增加。举个简单的例子，家政服务相关的领域很多都是知识迅速更新的领域，比如家庭育儿理念、家庭早教理念、新型家用电器使用、儿童玩具、辅食制作、新的食谱等，被照顾者所需新型设备使用，以及各种服务技能、家庭营养等方面的知识，都是与时俱进的，并且更新的速度非常快。

服务行业知识的迅速更新，使得行业和服务对象对服务行业从业人员的要求也越来越高。拒绝学习就是拒绝成长。服务行业从业人员一定要养成不断学习和归纳总结的习惯，不断更新自己的知识储备，"一招鲜，吃遍天"的时代已经过去，不学习将跟不上行业前进的步伐。学习使人进步，服务行业从业人员应时刻处于学习状态。当前，服务行业从业人员学习的渠道非常丰富，可以向老师和书本学，可以参加培训班，也可以向自己的家人、孩子、同行、服务对象和其他领域的优秀从业者学习，通过学习不断提升和完善自己，在职业道路上越走越顺畅。

（二）创新成就卓越

创新的关键在于创新性的思维，在于突破常规思维的界限，以超常规甚至反常规的方法和视角去思考问题，对于具有创新思维的人来说，没有不可能完成的任务，只有怎样去完成那些看似不可能的任务。如对家政服务员来说，具有创新思维意味着至少要具备以下几个方面的能力。

1.将学到的知识与服务对象的实际情况相结合的能力 家政服务员在日常服务中需要将自己学习和掌握的技巧与实际工作相结合，具体问题具体分析，这是提高服务质量的重要环节之一。而只有将理论学习与实际工作相结合，与社会生活相结合，与个人发展相结合，理论学习才能持久地坚持下去，才能产生学习的效果，才能达到提高自身素质的目的。日常工作中可能会出现千差万别的状况，这就要求家政服务员在服务中根据实际情况一定要随机应变，灵活变通。

2.知识、技术、观念不断更新的能力 在家政服务领域，技术和信息更新特别快，如智能化的打扫工具、新的育儿理念和方式、新的母婴产品等，层出不穷，家政服务员一定要养成不断获取新知识的习惯，保证自己的知识储备与时俱进，才能适应家政服务市场的要求。

3.了解和洞察服务对象想法的能力 很多家政服务员曾有过这样的经历：小孩子不爱吃饭时，把米饭做成小动物形状的饭团，小朋友就比较容易接受，慢慢爱上吃饭了。其实，小朋友在乎的并不是米饭是否好吃，而是有趣。家政服务员要发现创新的机会并进行有针对性的创新，还要充分了解和洞察服务对象的想法，这需要家政服务员平时多思考、多观察。

重点回顾

重点回顾

目标检测

参考答案

一、选择题

1.下列关于爱岗敬业的说法中，正确的是（　　）。

　A.市场经济鼓励人才流动，再提倡爱岗敬业已经不合时宜

　B.我们现在仍然应该提倡"干一行、爱一行、专一行"

　C.要做到爱岗敬业就应该一辈子只在同一个岗位上工作，不能跳槽

　D.在现实中，爱岗敬业的观念阻碍了人们的择业自由

2.在工作中，当你的业绩不如别人时，应该（　　）。

　A.努力上进，改变现状　　　　　　B.顺其自然

　C.躺平　　　　　　　　　　　　　D.换个工作

3.对于单位的规章制度，应该（　　）。

　A.有人监督时才遵守　　　　　　　B.有惩罚措施的才遵守

　C.自觉遵守　　　　　　　　　　　D.有奖励措施的才遵守

二、思考题

1.遵守规则与纪律的意义有哪些？

2.家政服务员应如何做到爱岗敬业？

第十章　服务行业从业人员职业道德的培养

第一节　服务行业从业人员职业道德认知及培养

一、服务行业从业人员职业道德认知

（一）从认知层面谈职业道德

道德认知是道德主体对个人与他人、个人与社会的关系以及调节这些关系的社会道德原则和规范的深刻认识和理解。道德认知促使人们在心中形成善恶、荣辱、是非、正邪等道德观念和平等、权利、义务、关怀等道德准则，是服务行业从业人员进行道德判断，实施道德行为的基础，也是服务行业从业人员实现道德内化的关键。

服务行业从业人员的道德认知并不是服务行业从业人员从事服务工作后自然而然就拥有的，而是必须通过服务行业从业人员自身的修养和外界的帮助才能形成的。所以说，服务行业从业人员的职业道德认知是一个自我学习和获得道德新知的过程，也是一种内化的过程。而这个过程一般又包括道德概念的掌握、道德判断的运用、道德信念的确立其3个步骤。

1.道德概念　是对道德现象本质特征的概括反映，它是个体在一定的道德情景中，在已有的道德表现的基础上，通过对有关道德知识的学习形成的。服务行业从业人员只有掌握了道德概念，才能摆脱某些情况下行为规范的机械束缚，在更广泛的范围内调节和支配自己的行动，使之符合社会以及服务对象的要求。

2.道德判断 是服务行业从业人员根据社会的、自己的道德价值观念，对自己和他人的行为做出是非善恶的判断和评价的行为，它也是道德主体运用已有的道德概念进行道德推理并做出道德判断的思维过程。服务行业从业人员只有不断地培养、训练自身的道德判断和选择能力，才能为自己提供正确的行为模式和道德行为典范，分析、判断不良的服务行为；才能使自己在服务中做到明是非、识真伪、分善恶、知对错，从而形成良好的职业道德认知的基础。

3.道德信念 是服务行业从业人员对自己所信奉的道德准则和道德观念的确信，它是个体道德活动的理性基础。当个体把外界道德要求转化为个人行为准则且坚信其正确性时，会引起相应的情绪体验，这就表明道德认知已转化为道德信念，道德信念的确立会使服务行业从业人员的道德行为表现出坚定性和一贯性，从而形成道德品质中的关键因素。服务行业从业人员道德信念的发展确立，一般经历了无道德信念的阶段、道德信念的萌芽阶段、道德信念的确立阶段等几个阶段。只有形成了道德信念，才能把道德知识和道德行为统一起来，才能使服务行业从业人员成为真正意义上的有道德之人。

➡ 岗位情境模拟

情景描述： 王女士孕晚期时，在家人的陪伴下来到某家政服务机构，经过筛查了解、面试等一系列流程后，签了一名"四星级"月嫂。

王女士顺利生产后回到家后，月嫂到家服务。每天早晨6点就去厨房做早餐，叮叮当当发出较大声音并持续到8点钟做好早餐，就是简单的煮鸡蛋和粥，王女士心想自己平时半小时就搞定的早餐，一个专业人士竟然用了将近2个小时，重点是做饭声音吵得全家不能好好休息。与月嫂沟通后，此情况并未得到改善。月子期间王女士也不可避免地产后涨奶，可月嫂竟不会处理。经过和家人商量后，在月嫂服务期不到一半的时候就辞退了该名月嫂。王女士后来回忆说，"就算找到了月嫂，现实却常常不称心。"

家政人员素质良莠不齐、价格高、流动性大等一直都是家政服务行业的"老大难"问题。尽管工资水平一直在上涨，但家政从业人员的整体素质水平有待提升。

请问： 影响家政从业人员服务质量的因素有哪些？应当如何对其从业人员进行培训？

参考答案： 影响家政从业人员服务质量的因素有环境因素和个人因素。应当从思想上、服务上、实践上等方面加强对家政从业人员的培训，加强其职业道德认知、道德情感、道德行为的培养，引导其职业道德学习的同时，不断学习家政服务知识，提高服务技能。同时，通过实践强化家政服务职业意识，在服务中感悟职业道德情感。

（二）影响服务行业从业人员道德认知水平的主要因素

影响道德认知水平的主要因素，主要是针对个体认知水平而言的。影响服务行业从业人员职业道德认知水平的因素包括两大类：环境因素和个体因素。

1.**环境因素**　是指个体自身以外，影响个体的道德认知水平的因素。其中社会因素对个体的道德认知水平的影响是很明显的。

在道德认知发展过程当中，个体会受到社会风气的影响，比如服务行业从业人员的道德认知很容易受好的社会风气影响，也很容易受坏的社会风气影响。在同一时间背景下，不同地区由于地域文化习俗的差异和经济社会发展程度的不同，服务行业从业人员的道德认知水平也呈现出良莠不齐的状况，良好的社会环境无疑对道德认知水平的提高有着积极的作用。在由计划经济向市场经济转变的过程中，西方思想观念和文化对我国旧有的文化体系带来了不小的挑战和冲击，功利主义、实用主义道德观念扰乱了服务市场，使服务行业从业人员对道德标准的判断陷入了困惑和怀疑之中。在市场经济条件下，个人的利益被肯定，这一方面极大增强了人们的积极性和主动性，调动了人们的主观能动性；另一方面也在客观上导致了一些人利己主义、功利主义和实用主义价值观的出现。在市场经济条件下，人们的价值取向中容易出现"重物质、轻精神，重实惠、轻道义"的变化，这种变化不可避免地影响着服务行业从业人员的职业道德认知。服务行业从业人员是生活在时代背景下的普通劳动者，市场经济对经济价值的追求，导致一些服务行业从业人员受到拜金主义价值取向的影响，进而使他们的人生观、价值观出现偏差。这都需要人们对此提高警惕，并加以克服。

2.**个体因素**　一般来说，对道德认知起最终决定性作用的还是个体因素。个体因素是指个体自身存在的，影响道德个体的道德认知水平的因素。个体因素是复杂多样的。就服务行业从业人员而言，影响他们职业道德认知的因素主要包括道德需要、自觉意识、人格品质等。

（1）**道德需要**　是生产力发展到一定阶段后，为维护社会稳定，维持社会中的各种道德力量之间的平衡而衍生出来的一种社会需要。道德需要是人的高层次需要，是人们基于对道德所具有的满足自我与社会的价值、意义的认识和把握而产生的遵守一定的道德原则和规范，做一个遵守道德的人的一种心理倾向。

（2）**自觉意识**　也是影响个体认知的重要因素。服务行业从业人员在道德认知发展过程中，如果自觉意识比较强，便会对自己形成的道德认知进行自觉的反思，同时还会对自己的道德情感、道德行为进行自我评价，促进道德认知的进一步发展。

（3）**个体人格**　品质的不同，直接影响着其在社会中的表现。人格是人的性格、气质、能力等特征的总和。良性的人格品质包括宽容、诚实、谦逊、正直等，不良人格品质则包括自卑、抑郁、孤僻、冷漠、暴躁、冲动等，服务行业从业人员作为普通个人，也都拥有不同的人格品质，这些人格品质会对服务行业从业人员的职业道德认知产生重要影响。

二、服务行业从业人员职业道德认知培养

道德认知能力是服务行业从业人员接受道德知识、践行道德要求、逐渐形成个性道德品质的前提，是道德人格形成的起点。因此形成正确的、科学的道德认知，对于服务行业从业人员的发展来说非常重要。

（一）加强职业道德学习，增强意识

加强职业道德学习是服务行业从业人员提高职业道德修养的必要条件，对于其提升自身职业道德认知水平至关重要。职业道德是提升服务行业从业人员职业道德修养的指导思想，服务行业从业人员只有拥有了良好的职业道德修养，才能辨别是非善恶，才能在自己的思想领域里战胜那些错误落后的道德观念。

在这个过程中首先要树立正确的价值观。价值观是人们在处理具有普遍性价值的问题时所持的立场观点和态度的总和。作为人的有意识的选择和追求，价值观有正确与错误、先进与落后、自觉与盲目、真实与虚幻的差别。不同的价值观会导致人们对客观事物的认识和态度不同，不同的价值观在认识世界、改造世界的活动中的指向不同，正确的价值观对人们的生活起促进作用，错误的价值观则起阻碍作用。

服务行业从业人员一定要认真学习职业道德，树立正确的价值观，通过学习，能科学、全面、深刻地认识社会，正确地认识人与人之间的关系，形成正确的、科学的价值观。

从根本上说，一个服务行业从业人员的觉悟正是以正确的价值观为指导而形成的。服务行业从业人员只有树立科学的价值观，才能发挥职业道德正确的导向作用，才能不受外界的干扰与影响，特别是不受功利主义的影响。服务行业从业人员只有少用"有没有用""有没有利"来对工作进行评判，才能正确处理涉及职业道德的问题，以正确的态度来处理服务工作。

服务行业从业人员在职业道德的学习中应深刻理解服务过程中的规范和要求，明辨是非，提高遵守道德规范和要求的自觉性。服务行业从业人员服务过程中的道德规范和要求是社会道德在服务领域中的具体体现，凝聚了古今中外的优良道德传统，正确地回答了服务行业从业人员与他人、集体、服务对象，乃至与社会之间的利益关系。服务过程中的道德规范和要求具体地向服务行业从业人员表明了应该做什么，不应该做什么，什么是善的，什么是恶的，以保证服务对象的根本利益。将道德要求转化为服务行业从业人员的内心信念，需要服务行业从业人员有一个自觉学习和接受职业道德的过程。因而，服务行业从业人员学习和掌握职业道德的基本知识是非常重要的。

服务行业从业人员只有不断学习服务知识，提高服务技能，才能更好地完成服务的职

责。通过学习知识与技能，服务行业从业人员才能进一步明确自己在服务过程中的主导地位，明确自己对服务过程所起到的重要作用。这样才能促使服务行业从业人员进一步严格要求自己，加强职业道德修养。服务行业从业人员还应努力提高自己的文化素养，广泛地学习自然科学和社会科学的知识，不断地提高自己的技能和服务技巧，并在服务过程当中认识自己的任务，认识社会，认识人生。总之，服务行业从业人员只有不断地提升职业道德认知水平，增强自律意识，提高慎独品质，才能在任何情况下都自尊、自爱、自重、自觉、自律。服务行业从业人员只有按照职业道德的标准，严格要求自己，把握自己，才能形成完善的人格和崇高的品质。

（二）在实践中深化职业道德

实践是服务行业从业人员正确的职业道德观念的认识来源，只有在服务的实践中，服务行业从业人员才能正确认识服务中的各种利益和道德关系，才能正确认识服务行业从业人员的职业使命，树立良好的职业形象。

服务行业从业人员获得较高层次的职业道德认知后，只有通过躬身实践坚持去做，把通过各种途径获得的职业道德的认知用于指导自己的实践活动，获得独特的内心体验，才能够更深入地理解职业道德。在服务过程当中要反思自我价值观念、服务观念、待人接物的方式方法。只有在服务中获得这种独特的内心体验，深入理解服务行业从业人员职业道德，服务行业从业人员才会知道应该坚持什么和放弃什么，从而形成较高的职业道德品质。

三、良好思维能力的培养

良好的思维能力是形成服务行业从业人员职业道德认知的基础，思维能力的发展必然引起职业道德认知水平的提高。思维能力一般由分析、综合、比较、概括等几个方面的能力所构成，这些能力相互联系，共同运作，进而促成完整的思维活动过程。

培养良好的思维能力首先要学会分析事物的方法。这一方法需要把认知对象分解为多个部分，从中认识事物的本质。运用分析的方法，虽然能够把握事物的本质特征，但无法把握事物的整体，这时就需要综合法的介入。

所谓综合法就是利用思维把认知对象的各个部分联合成一个整体，使事物的本质体现在各个部分中的方法。分析基础上的综合，可以使认知对象在思维中具体再现，这样就能对事物或人的行为达到完整具体的认识。

比较是通过将当前事件或事物与历史先例或类似事件或事物进行对比来了解当前事件或事物。有比较才能有借鉴，才能辨别真假与善恶，不至于被虚假的形式所迷惑。

道德认知应该是服务行业从业人员在对认知对象做详尽的分析、综合和比较后进行的判断，如果没有分析、综合、比较、借鉴，就无法辨别正确的职业道德相关知识，也就无法形成正确的服务行业从业人员的道德观念。培养良好的思维能力，还必须培养积极的情绪和坚强的意志。积极的情绪和坚强的意志，能够促进良性思维活动进行，有利于道德认知的形成和发展；消极的情绪和脆弱的意志则有碍于思维活动进行，对形成正确的道德认知起反作用。

第二节　服务行业从业人员职业道德情感及培养

一、服务行业从业人员职业道德情感

（一）从情感层面谈职业道德

职业道德是从事一定职业的人们通过特定的职业活动所凝结成的具有自身职业特征，比较稳定，能够影响和指导自身职业实践的价值观念、道德准则和行为规范的总和。道德情感是人类在社会生活中所特有的一种情感，是人们在道德认知的基础上，对现实道德关系和道德行为是否符合一定的道德标准进行评判而产生的一种情感，是人对客观世界的刺激产生的肯定或否定的心理反应。

道德情感是道德意识的内容之一，是人们基于一定的道德认识，从而对现实生活中的道德关系和道德行为所产生的倾慕或鄙弃、爱好或憎恶的内心体验和情绪态度。道德情感同理智感、美感等一样，同属人的高级情感。道德情感是形成相应道德品质的基础环节，其与道德认知、道德意志、道德信念、道德行为习惯一起，是构成道德品质的重要组成部分。只有当道德认知和道德情感融合在一起，并形成坚定的道德意志和信念，才能实现道德认知向道德行为的转换，达到知行合一。

职业道德情感是建立在职业道德认知基础上，为检验道德关系和道德行为是否符合一定的道德标准而产生的一种情感。服务行业从业人员的职业道德情感，是在处理相互关系，评价某种行为时产生的一种内心体验，是一种超越道德义务的积极情感表现，它主要包括责任感、良心感、荣誉感、幸福感等内容。

1.责任感　不同于责任，责任是指对任务的一种负责和承担，而责任感则是一个人对待责任的态度。一个人的责任感决定了他对待工作是尽心尽责，还是敷衍了事，而这又能直接决定他的工作业绩的好坏。有责任感的服务行业从业人员能够在工作中克己奉公、兢兢业业，哪怕出现问题也绝不推脱，他们总能赢得服务对象的信任和尊重；反之，缺乏责任感的服务行业从业人员做事往往敷衍了事，得过且过。服务行业从业人员所面对的服务对象千差万别，容不得出现差错。这就要求服务行业从业人员必须拥有强烈的职业责任

感，以饱满的热情投入服务工作中去，满足服务对象的合理需求。

2.良心感 良心是人们在履行对他人和社会的义务过程中所形成的一种强烈的道德责任感和自我评价的能力，职业良心就是从业人员对职业责任的自觉意识和自我评价能力。服务行业从业人员职业良心的体现就是服务好服务对象。在服务过程中所形成的特殊的道德责任感和道德自我评价能力，是服务行业从业人员职业道德诸多方面的有机统一。对于服务行业从业人员来说，服务是一个良心活。职业良心是服务行业从业人员职业道德的灵魂，有职业良心的服务行业从业人员在服务过程中发现失误时能够及时补过，对待工作尽心尽责，面对诱惑信念坚定，这样的服务行业从业人员必然会受到服务对象的尊重和喜爱，而不计后果、随心所欲的行为不仅会让服务行业从业人员形象受损，还会使其付出代价。近年来，频发的服务行业从业人员虐待老人事件不断拷问着服务行业从业人员的良心和道德，而施虐的服务行业从业人员最终难逃社会的谴责和法律的制裁。技能不足可以再练，知识不足可以再补，然而良心的缺失却是再多的知识和技能都无法弥补的。因此服务行业从业人员一定要重视职业良心的培养，努力让自己做到问心无愧。

3.荣誉感 职业荣誉感产生的前提是对职业性质和内容的深入理解和认同，并能够在工作过程中取得一定的成就，实现自身的价值。荣誉感往往与人员社会地位和自身对职业的认同及其所取得的成就密切相关。具有较强职业荣誉感的服务行业从业人员，会努力维护自身的形象，恪守职业道德规范，提升专业服务水平，不断超越自我；而缺乏职业荣誉感的服务行业从业人员，则更多地将工作视为一种谋生手段甚至是负担，对有损自身职业形象的行为往往缺乏正确的认识，因此往往不思进取，对待工作敷衍了事。

4.幸福感 职业的幸福感是从事职业活动时所获得的满足感，它是职业道德行为的动力基础。服务行业从业人员的幸福感很大程度上来自服务对象对服务行业从业人员的尊重和依恋。帮助服务对象解决问题的职业心态是服务行业从业人员职业幸福感的源泉。此外，幸福感还有赖于服务行业从业人员自身感知幸福的能力。服务行业从业人员的职业幸福感固然离不开外部的给予，但更多的还是源于自身的成长，源于一颗感恩的心。因此，服务行业从业人员要善于从工作中寻找快乐，品味幸福；要感激挫折，常怀一颗知足感恩的心，用欣赏的眼光来看待周围的人和事；要懂得珍惜拥有的一切，学会知足，从容处世，看淡得失，这样一来幸福的感觉就会接踵而至。

（二）职业道德情感的特点

职业道德情感具有丰富性、特殊性和时代性等特点。

1.丰富性 服务行业从业人员的职业道德需要丰富的情感来维系。有人说，服务没有情感，就像磨坊没有水。服务行业从业人员职业道德的核心是爱和责任，爱和责任是出发点，也是归宿。

服务行业是以情感为基础的，服务行业从业人员在服务过程当中需要投入情感：①要有博大的胸怀，服务行业从业人员在服务过程当中需要理解服务对象的一些要求，这个过程就需要道德情感作为支撑；②要有细微的情感体验，服务对象可能是年纪较长的老人，也可能是柔弱娇嫩的婴儿，在服务过程中服务行业从业人员要敏锐地洞察他们的情感变化；③要有自觉的情感调控，服务行业从业人员在工作中要面临很多的压力，面对压力时服务行业从业人员要学会调控自己的情感，挖掘工作中阳光的一面，时刻保持积极向上的心态；④要能灵活地以情感人，服务的好坏离不开情感的滋润，这就需要服务行业从业人员在服务过程当中把握好策略，通过增进情感来更好地进行服务。

2. 特殊性　由于服务行业从业人员在服务过程当中起着主导作用，其情感状态会影响到其他相关人员的状态，反过来也会影响自己的服务效果，所以服务行业从业人员的情感必然成为服务质量的重要影响因素。

服务行业从业人员职业道德情感的特殊性首先体现在服务对象上。在一段时间内，服务行业从业人员服务于特定的服务对象，特定服务对象与服务行业从业人员的情感会互相影响，进而也会影响服务效果。

其次，服务行业从业人员职业道德情感的特殊性也体现在特殊的工作性质上。作为一种职业，服务行业从业人员有其职业特殊性。面对不同的家庭，不同的人，服务行业从业人员需要处理好自己角色的转变，需要用良好的品德为服务对象服务，要尊重和爱护服务对象，提高自己的专业知识和技能，以应对不同的服务要求，忠于职责。

3. 时代性　任何事物一旦撇开了时代性，便不具备它的意义，道德情感亦是如此。如今服务行业从业人员的职业角色也发生了变化，他们不仅是服务的操作者，更是家庭的引导者、指导者、促进者，因此服务行业从业人员的职业道德情感也随之丰富起来。在时代大背景下，职业角色的变化为服务行业从业人员带来的既是挑战也是机遇。

二、服务行业从业人员职业道德情感培养

职业道德情感的培养主要包括两个方面：一方面是形成和增强与所获得的职业道德相一致的道德情感；另一方面是改变与应有的道德认识相抵触的道德情感。形成和增强健康的、正当的道德情感，不但要依靠个人的理智，依靠个人对理想人格的追求，而且需要个人在实践中经受长期的磨炼。

（一）强化服务职业意识，从思想上重视职业道德情感

道德情感是在道德认知的基础上产生的，并随着道德认知的发展而发展。只有对某一类道德的规范认识深刻，对某一类道德的概念掌握牢固，才有可能产生相应的道德情感。这就要求服务行业从业人员必须正确认识自己的职业，明确职业要求，强化职业意识。

服务行业从业人员首先应当对自身职业的重要性和专业性有清晰的认识。服务行业从业人员这一职业实际上具有很强的专业性，除了操作技能要过关以外，在工作过程中与服务对象沟通协调、应急应变等方面的能力也是其是否具有专业性的重要体现。这离不开日复一日的实践和反思，每个服务行业从业人员都应该明了，真正专业的服务行业从业人员在市场上是供不应求的，应努力提升自己的专业水平，这才是立足的关键所在。

职业道德情感是植根在服务行业从业人员心里的，良好职业道德情感的养成意味着从业者心灵的净化和情感的升华。这种净化和升华无须借助外力来实现，它是由道德主体自觉自愿追求而来的。因此服务行业从业人员道德情感的培养必须依靠服务行业从业人员的自觉性，服务行业从业人员只有从思想上重视职业道德情感，才可能培养出对职业的真挚的感情。

（二）提高服务水平，从服务上落实职业道德情感

道德行为及其效果对于道德情感具有检验和调节的作用，因此服务行业从业人员必须身体力行，将职业道德情感落实到具体的服务过程中去，并根据行动的结果对其进行适当的调节。

服务行业从业人员的专业素质，对于培养服务行业从业人员的职业道德情感有着重要的意义和作用。良好的专业素质有利于提升服务行业从业人员的自信心，从而提升服务行业从业人员的职业幸福感。

服务行业从业人员的专业化是多维的，实现途径也应该是多维的。服务行业从业人员的专业化可以从社会、团队、个人3个方面加以提升，分别对应以下3种途径：终身专业学习与锻炼、同伴互动提升技能、反思自我的行为。

1.终身专业学习与锻炼 是基于20世纪下半叶兴起的终身教育理念所提出的，服务行业从业人员同样面临终身教育和终身学习理念的渗透和挑战，年轻时学点知识就足够一辈子使用的古老时代已经过去。在现代社会中，服务行业从业人员的专业学习也是一个永无止境的思想和行为过程。一方面应努力学习提升其服务能力的训练课程，另一方面要唤起自身学习的主动性、积极性和创新性，激发学习的动机，抓住机遇，以开放的心态接受新理念和新技术，培养自学能力。

2.同伴互动提升技能 团队的学习则注重集体共学和与同伴交流。服务行业从业人员之间应互相交流、讨论所遇到的问题，并协商解决，这不仅能激发大家的洞察能力，还能培养大家的合作能力，为促进大家的学习发挥作用。在服务行业从业人员相互交流的过程中，他们各自的思想相互激荡、相互碰撞、彼此影响，最终产生新的解决方案、新的见解，而参与者的相关能力也在此过程中得到了锻炼。因此服务行业从业人员应当努力营造出合作交流的氛围。在这样的氛围下，每一位服务行业从业人员都能有扩展其能力的空间，都能锻炼其解决问题的能力与思维。

3.反思自我的行为　服务行业从业人员的自我反思行动对于提升自我意识及发现自身存在的弱点非常重要。自我反思行动具有3个特征：①服务行业从业人员自己就是具体服务的行动人员；②反思的主题就是服务的日常行为；③反思的目的是改善服务行动。

服务行业从业人员在自我反思行动的过程当中，需要面对新问题提出自己的假设，并通过自己的实践检验假设，其结果就是服务行业从业人员借助反思获得专业成长的机会，服务行业从业人员的服务因反思而获得改善。

（三）投身服务实践，在服务中感悟职业道德情感

职业道德情感是在一定的道德情境中产生的，在与服务对象的交往过程中逐渐培养起来的。服务行业从业人员应当全身心投入服务实践中，在工作中体验服务的真谛，升华职业道德的境界。

理解服务是热爱服务的前提。服务行业从业人员对服务的理解，是其通过在服务过程中的实际操作和互动，逐渐洞察和体验到的。一位优秀的服务行业从业人员，不能仅仅满足于完成服务对象安排的工作，而是要在适当时机主动与服务对象进行沟通，成为服务对象的知心朋友，这样才能更好地理解服务这一职业，从而更加热爱自己的工作。

在服务过程当中，服务行业从业人员为了更好地满足服务对象的需要，需要有专业化的服务水平，这样才能在服务中及时发现和解决问题。这一过程对于服务来说具有积极意义，也进一步丰富和强化了服务行业从业人员的体验，这样也能更好地将对服务行业从业人员职业道德情感的培养落到实处。

创新是服务行业从业人员获得成功感的重要因素。服务行业从业人员应在明确家政服务目标的基础上，充分满足服务对象发展的需要，并在服务的过程当中，将个人创新与服务对象的需要有机结合起来。创新虽然受到传统规律的制约，但是它又是自由的，给予了服务行业从业人员充分发挥个性魅力的平台，这是服务行业从业人员形成服务风格的重要途径。因此能进行创新的服务行业从业人员在服务中更容易获得自由感、成功感、自信感和成就感，从而也就更容易获得职业荣誉感和尊严感。

第三节　服务行业从业人员职业道德行为及培养

一、服务行业从业人员职业道德行为

（一）从行为层面谈职业道德

有道德行为就是指在一定的道德意识支配下表现出来的，对待他人和社会具有道德意义，并能对其进行道德评价的行为；而与"道德行为"相对的，并非在道德意识或道德动机支配下表现出来的，不涉及他人和社会利益的行为，则称为非道德行为。

服务行业从业人员职业道德行为是指服务行业从业人员在服务过程当中，在一定的道德意识支配下表现出来的，有利于或有害于个人、家庭、社会的行为。良好的道德行为的特征是利他的，即服务员的行为是以追求社会整体利益或他人利益为出发点和归宿点的。不良的道德行为的特征是损人利己的，即服务行业从业人员的行为是在不道德意识的支配下，为了一己私利而侵害他人或社会利益的。

（二）职业道德行为的影响因素

影响服务行业从业人员道德行为的因素可以分为服务行业从业人员道德意识和服务行业从业人员所处的环境两大方面。

其中，服务行业从业人员道德意识包括以下内容。

1.服务行业从业人员职业道德认知　是服务行业从业人员个体对服务活动过程中的道德关系的概念、规范和原则的理解与掌握，是服务行业从业人员对该领域各种道德行为的是非善恶及其意义的认识。服务行业从业人员所接触的服务环境是复杂的，环境中各种利益关系交错纵横，客观上增加了服务行业从业人员认识其中的道德关系以及把握处理各种问题和矛盾的难度。但也正因为如此，深刻理解和熟练掌握职业道德行为的规范和原则，在各种具体情况中明智地进行是非善恶的判断，及时恰当地做出符合职业道德规范的行为，才显得意义非凡。

2.服务行业从业人员职业道德情感　是服务行业从业人员根据被内化的道德行为规范，在处理各种利益关系和评价各种道德行为时所产生的内心体验。服务行业从业人员的职业道德情感，既是把自身的道德认知转化为道德意识和良好的道德行为的持续动力，同时也具有调节和评价职业道德行为的作用。

例如在做母婴护理服务时，有的家政服务员会乐意跟孩子在一起，会以关怀、接纳、尊重的态度与幼儿交往，甚至在自己服务很劳累的时候，只要看到小朋友的笑颜也能再次充满动力，虽累却甘之如饴。而不喜欢孩子的母婴护理人员，只是为了工资待遇而勉为其难地带孩子，即使天天不工作，也不会觉得快乐。当家政服务员的行为符合职业道德要求时，就能体会到自尊感，这促使家政服务员持续地表现出良好的职业道德行为。

3.服务行业从业人员职业道德意志　是服务行业从业人员为了实现符合职业道德要求的行为，自觉主动地克服内部、外部困难的顽强毅力，它以目的为导向，规定着行为的方向，同时是行为的重要推动力量，影响着行为的持续性。

服务行业从业人员的个体通常会具备一定的道德认知和道德情感，但这并不能保证他（她）一定能做出符合职业道德要求的行为。服务行业从业人员的价值是通过服务实现的，而服务对社会的贡献又需要经过一段时间才能为社会所体验和认可，因此社会对服务行业从业人员价值的认定具有延时性。如果社会给服务行业从业人员的即时物质或精神报酬低于服务行业从业人员的实际贡献，就容易使服务行业从业人员产生不平衡的心理，乃至做出一些不良的道德行为。因此，服务行业从业人员要有坚定的职业道德意志，才能克服这些困难，持续践行符合职业道德要求的服务。

4.服务行业从业人员的职业道德信念　是指服务行业从业人员对职业理想、职业人格、职业原则和职业规范的尊崇和信仰，是其深刻职业道德认知、职业道德情感和职业道德意志的统一，它促使服务行业从业人员执着地追求自己的职业理想，坚定地履行职业道德行为规范赋予的义务，职业活动具有明确性和一贯性。一旦服务行业从业人员形成了职业道德信念，就能在服务中迅速选定符合职业道德行为规范要求的行为方向，并且能义无反顾地执行下去。即便遭遇了错综复杂且具有考验意义的环境，服务行业从业人员仍能做出符合职业道德行为规范要求的行为抉择。

部分服务行业从业人员所处的劳动环境相对比较艰苦，工作任务比较繁重，工作报酬也不是很到位，这时候让服务行业从业人员形成职业道德信念将更加困难。此时服务行业从业人员是否具有坚定的职业道德信念就显得尤为重要。唯有提升服务行业从业人员的职业道德境界，才能更好地推动服务事业的发展。

服务行业从业人员所处的影响服务行业从业人员道德行为的环境如下。

（1）服务行业从业人员职业道德行为监督机制　对服务行业从业人员职业道德行为的监督就是通过社会公众、家政企业、服务对象及服务行业从业人员自身对服务行业从业人员职业道德行为的一种察看和督促，就是通过对服务行业从业人员的职业道德行为进行察看，来督促服务行业从业人员提升自身的道德意识，保障服务行业从业人员稳定而连续地做出符合道德要求的行为。另外，监督机制会给服务行业从业人员自身提供反馈，以促进服务行业从业人员对自身违背职业道德要求的行为进行反思并及时改进。对一些还不能认识到自己错误的服务行业从业人员，个体通过监督还可以通过敲警钟、劝说引导的方式提高他们的职业道德认知。

对服务行业从业人员的道德行为监督并不是可有可无的。

1）服务行业从业人员职业道德行为需要自律，也需要他律。道德的形成是由他律转向自律的过程，而对道德行为的监督属于他律。如果他律不足，自律又不强的话，服务行业从业人员的活动就会脱离职业道德行为规范而产生不良后果。

2）服务行业从业人员的失德行为会对现实世界造成不良影响，如果不对其进行监督，坏的影响必将扩大蔓延，违背职业道德的行为甚至会得到鼓励。

对服务行业从业人员职业道德行为的监督以监察其道德行为为基础，以督促提升其道德意识为目标。道德行为监督本身不是目的，其目的是通过对服务行业从业人员职业道行为的监督，对其产生影响，并以此来提升服务行业从业人员的职业道德意识。只有监督而不注重促使服务行业从业人员思想道德内部矛盾的积极转换，是一种舍本逐末、徒有形式的做法。服务行业从业人员只有真正内化了职业道德行为规范，才能持续输出良好的职业道德行为。

（2）服务行业从业人员职业道德行为奖惩机制　奖惩一般会发生在服务行业从业人员道德行为发生之后，那时会对良好的职业道德行为进行奖励，对不良的职业道德行为进行惩罚。

服务行业从业人员做出了良好的道德行为，社会理应给予积极的回应。同样，服务行业从业人员做出了不良的道德行为，社会也应给予负面回应，简而言之，公平、合理且适当的奖惩，有利于维护服务行业从业人员的职业道德行为规范，有利于调控服务行业从业人员职业道德行为，有利于调控服务行业从业人员职业道德行为，有利于对服务行业从业人员的思想品德产生积极的影响。

二、服务行业从业人员职业道德行为培养

职业道德行为的特殊性决定了个体道德行为必须要得到社会的反馈、支持和保护。这是服务行业从业人员能否将自身职业道德行为坚持下去，并且产生积极社会影响的关键因素。具体来说，服务行业从业人员职业道德行为的培养可通过以下途径达成。

（一）学习和实践相结合，做到知行统一

学习和实践是提高服务行业从业人员道德修养，养成良好道德行为习惯的根本途径。职业道德的学习既包括对一些基本理论、基本规范的主动掌握和理解，又包括对模范人物、先进事迹的解读和学习。当然也包括参加专门的培训课程以及向他人请教，以破除个人在实践过程中存在的狭隘性和局限性。正确的职业道德观念不是自发形成的，只有树立了科学的人生观和价值观，掌握了服务行业从业人员职业道德的基本常识和基本规律，服务行业从业人员才会系统地认清什么是善，什么是恶，才能真正领会本职业美的真谛。实践证明，服务行业从业人员掌握的关于道德修养的理论越正确、越全面、越深刻，其按照职业道德原则和规范去行动的自觉性就会越强。

服务行业从业人员形成一定的职业道德意识并不意味着其职业道德修养的完成，服务行业从业人员还要再回到实际工作中去，在职业活动中进行道德行为实践，以进一步提高自己的职业道德修养。一般而言，这里的实践包括服务实践和生活实践两方面。服务实践是服务行业从业人员每天进行的最基本的实践活动，因而也是最直接、最鲜明、最具针对性的职业道德实践活动。服务行业从业人员的道德修养不是只在面临重大危险和考验时才彰显出来的，能够以乐观向上、热情开朗的心态认真对待自己每天繁琐的工作，能够热情

细致地对每一项工作负责，那就是值得人们尊敬的服务行业从业人员。

（二）完善服务行业从业人员职业道德行为监督机制

作为服务行业从业人员道德行为的一面镜子，服务行业从业人员职业道德行为监督机制对服务行业从业人员的道德行为具有预防、诊断、矫正、改进和教育的作用。完善的职业道德行为监督机制的建立，是提高服务行业从业人员自身道德水平的重要保障。

一个完善有效的服务行业从业人员职业道德行为监督机制，应该做到三结合：将社会监督、自身监督、服务对象监督相结合；将职业道德行为监督和服务行业从业人员自身的利益相结合；将职业道德行为监督和服务行业从业人员自身的发展相结合。

为了确保职业道德行为监督机制的落实，企业应该组建专门的监督小组，小组成员可以是企业员工也可以是社区代表，这些监督都属于外在监督。服务行业从业人员自身的自律监督则是内在监督。一般来说，在注重建立服务行业从业人员外在监督的同时，也要注重对其内在监督的培养。内在监督机制既可以通过学习教育来建立，也可以通过奖励表彰先进事迹，鼓励服务行业从业人员获得内在道德满足感和上进心来建立，总之，服务行业从业人员自身道德意识的提高，是服务行业从业人员职业道德行为监督的出发点和落脚点。

要使职业道德监督机制得到良好的效果，必须坚持以下4个原则。

1.经常性原则 对服务行业从业人员道德行为的监督不是权宜之计，也不是赶潮流或者走形式，而是经常性工作。经常性原则能够保障监督的连续性、一贯性和全面性。

2.客观性原则 道德行为监督必须以事实为依据，不能夸大也不能缩小，更不能无中生有。监督的客观性原则能够保障监督行为的公正性和有效性。

3.利害性原则 监督机制要和服务行业从业人员自身的利益，如工资待遇、优良评审等相联系，监督的利害性原则可以保证监督机制的长久性和持续性。

4.效益性原则 职业道德行为的监督不是空架子，要切实地保证服务行业从业人员职业道德行为取得一定的实效，否则就只是劳民伤财，监督的效益性原则是职业道德行为监督机制的存在之本。

（三）完善职业道德行为考核机制

对服务行业从业人员职业道德行为进行考核的过程，是对服务行业从业人员职业道德行为的社会价值进行评定的过程，也是社会对服务行业从业人员职业道德行为的反馈过程。公正完善的考核制度，可以帮助服务行业从业人员认识到职业道德行为的社会价值，认识到职业道德行为要求的必然性，从而促使服务行业从业人员表现出良好的职业道德行为。

职业道德行为考核制度必然与一定的奖惩政策配套实施，它作为一种行政奖惩手段，在实施时应注意几个问题。

1.要奖惩并重，不能偏废　在对遵循职业道德行为规范行事的先进人物进行奖励的同时，也要对违背职业道德行事的服务行业从业人员进行一定的惩罚，这样才能对其他服务行业从业人员未来的职业道德行为给出更明确的指示和引导。

2.对集体的奖励和对个人的奖励相结合　任何一个服务行业从业人员工作的顺利开展，都离不开企业的指导和与其他同事的合作交流。服务行业从业人员只有在有序和谐的集体中才能有条不紊地履行自己的职责。同时，每个服务行业从业人员拥有自己相对独立的工作空间，有一定的自由来选择自己偏好的工作方式和工作状态，是具有主观能动性的鲜活个体，在相同的集体环境中保持着自己的特色。奖励集体有利于增强团队意识和集体荣誉感，这为提高服务行业从业人员的职业道德创造了良好的环境。奖励个人有利于调动个体的积极性，尽最大可能避免不良职业道德行为的发生。

3.奖惩要辅以教育　无论是奖励还是惩罚都只是手段，而不是目的。奖惩的最终目的在于使服务行业从业人员的职业道德行为尽可能向良性发展，而这种发展离不开教育。对于获奖者不仅要给予一定的奖励，还要配合一定的教育，这样能够使其在成绩面前不骄傲，保持谦虚谨慎的态度，继续发扬先进，再接再厉做好工作；对于受罚者更需要施加一定的说服教育和鼓励，使他们清楚自己受罚的原因，这样也可使其不至于情绪过于低落，甚至自暴自弃。

4.奖惩要民主　奖惩作为对职业道德行为标准的落实，其过程是否公正、民主直接影响到服务行业从业人员对职业道德行为规范的遵从程度。凡是符合奖励标准的都应该给予奖励，该惩罚的也不可姑息。在奖惩中不能执行两套标准，搞特殊性，不能损害职业道德行为考核机制的权威性和有效性。

重点回顾

重点回顾

目标检测

参考答案

一、选择题

1.道德认知是（　　）对个人与他人、个人与社会的关系以及调节这些关系的社会道德原则和规范的深刻认识和理解。

A.道德客体   B.道德主体

C.他人   D.社会

2.职业道德情感具有（　　）的特点。

A.丰富性   B.特殊性

C.时代性   D.复杂性

3.服务行业从业人员职业道德行为培养途径有（　　）。

A.学习与实践相结合，做到知行统一

B.完善服务行业从业人员职业道德行为监督机制

C.完善职业道德行为考核机制

D.职业道德信念

二、思考题

1.如何对服务行业从业人员职业道德认知进行培养？

2.如何对服务行业从业人员职业道德情感进行培训？

参考文献

［1］芦琦.家政服务法律法规［M］.上海：上海人民出版社，2021.

［2］周晖.家政职业道德与法律法规［M］.北京：中国人民大学出版社，2022.

［3］法律出版社法规中心.新编中华人民共和国法律法规全书［M］.北京：法律出版社，2023.

［4］杨记明.新编工会法及相关法律法规解读与案例剖析［M］.北京：中国言实出版社，2016.

［5］姬中英，王亚男.物流法律法规［M］.北京：高等教育出版社，2022.

［6］李志明.中华人民共和国社会保险法配套解读与实例［M］.北京：法律出版社，2016.

［7］李雅云，李林宝.民法典学习问答［M］.北京：人民出版社，2020.

［8］王明哲.职工职业道德教育读本［M］.北京：中国言实出版社，2012.

［9］蔡志良.职业伦理新论［M］.西安：电子科技大学出版社，2014.

［10］李成碑.家政服务员职业道德［M］.上海：上海远东出版社，2021.

［11］人力资源社会保障部教材办公室.家政服务员职业道德读本［M］.北京：中国劳动社会保障出版社，2018.

［12］吕国荣，吕品.爱岗敬业：优秀员工第一守则［M］.北京：电子工业出版社，2010.

［13］吴吉明，王凤英.现代职业素养［M］.北京：北京理工大学出版社，2018.